EL Moukhtar Zemmouri

Processus d'extraction de connaissances à partir de données

EL Moukhtar Zemmouri

Processus d'extraction de connaissances à partir de données

Représentation et gestion des connaissances multi-points de vue

Presses Académiques Francophones

Impressum / Mentions légales

Bibliografische Information der Deutschen Nationalbibliothek: Die Deutsche Nationalbibliothek verzeichnet diese Publikation in der Deutschen Nationalbibliografie; detaillierte bibliografische Daten sind im Internet über http://dnb.d-nb.de abrufbar.
Alle in diesem Buch genannten Marken und Produktnamen unterliegen warenzeichen-, marken- oder patentrechtlichem Schutz bzw. sind Warenzeichen oder eingetragene Warenzeichen der jeweiligen Inhaber. Die Wiedergabe von Marken, Produktnamen, Gebrauchsnamen, Handelsnamen, Warenbezeichnungen u.s.w. in diesem Werk berechtigt auch ohne besondere Kennzeichnung nicht zu der Annahme, dass solche Namen im Sinne der Warenzeichen- und Markenschutzgesetzgebung als frei zu betrachten wären und daher von jedermann benutzt werden dürften.

Information bibliographique publiée par la Deutsche Nationalbibliothek: La Deutsche Nationalbibliothek inscrit cette publication à la Deutsche Nationalbibliografie; des données bibliographiques détaillées sont disponibles sur internet à l'adresse http://dnb.d-nb.de.
Toutes marques et noms de produits mentionnés dans ce livre demeurent sous la protection des marques, des marques déposées et des brevets, et sont des marques ou des marques déposées de leurs détenteurs respectifs. L'utilisation des marques, noms de produits, noms communs, noms commerciaux, descriptions de produits, etc, même sans qu'ils soient mentionnés de façon particulière dans ce livre ne signifie en aucune façon que ces noms peuvent être utilisés sans restriction à l'égard de la législation pour la protection des marques et des marques déposées et pourraient donc être utilisés par quiconque.

Coverbild / Photo de couverture: www.ingimage.com

Verlag / Editeur:
Presses Académiques Francophones
ist ein Imprint der / est une marque déposée de
OmniScriptum GmbH & Co. KG
Heinrich-Böcking-Str. 6-8, 66121 Saarbrücken, Deutschland / Allemagne
Email: info@presses-academiques.com

Herstellung: siehe letzte Seite /
Impression: voir la dernière page
ISBN: 978-3-8381-4048-3

Copyright / Droit d'auteur © 2014 OmniScriptum GmbH & Co. KG
Alle Rechte vorbehalten. / Tous droits réservés. Saarbrücken 2014

A ma famille
A la mémoire de mon père

Remerciements

Le travail présenté dans ce mémoire a été réalisé au sein de l'équipe projet WRUM de l'Ecole Nationale Supérieure d'Arts et Métiers – Meknès en collaboration avec l'équipe projet AxIS de l'INRIA Sophia Antipolis - Méditerranée. Je tiens à remercier toutes les personnes qui m'ont offert l'opportunité d'effectuer cette thèse dans les meilleures conditions.

Je remercie tout d'abord M. Youssef Benghabrit d'avoir accepté de diriger cette thèse et de me faire l'honneur de présider le jury.

Je tiens à remercier chaleureusement M. Hicham Behja qui a encadré cette thèse. Je le remercie d'abord pour son encadrement, ses conseils avisés, tant scientifiques que pédagogiques, et pour la patience, la gentillesse avec lesquelles il les a prodigués, pour son soutien, sa disponibilité et pour la collaboration étroite dans laquelle nous avons travaillé et son aide qui m'ont permis de mener à bien cette thèse. Je le remercie aussi pour ses qualités humaines et pour les bons moments inoubliables que nous avons passé ensemble.

Je souhaite exprimer toute ma gratitude à Mme Brigitte Trousse pour l'accueil qu'elle m'a réservé au sein de l'équipe AxIS, pour ses conseils et ses relectures minutieuses. J'ai beaucoup appris de sa part. Qu'elle trouve dans ce mémoire toute ma reconnaissance.

J'adresse mes vifs remerciements aux rapporteurs de ce mémoire, M. Mohammed Douimi, M. Saïd EL Alaoui Ouatik et Mme Bouchra Frikh pour l'intérêt qu'ils ont porté à mon travail. Merci également à M. Brahim Ouhbi pour ses conseils, son soutien aussi bien scientifique que moral et pour avoir accepté de faire partie du jury.

Merci infiniment à M. Samir Bennani et M. Abdelaziz Kriouile et M. Abdelaziz Marzak de m'avoir fait l'honneur d'être membre de jury de cette thèse.

Mes remerciements s'adressent également aux membres de l'équipe WRUM pour les discussions fructueuses et les conseils pendant les différentes réunions d'équipes. Aux docteurs et doctorants de l'équipe : Adil, Asmaa, Hicham, Nawal, Rabab, Reda, Youness, et tous les autres.

Merci à M. Mohammed Douimi Chef de département Mathématiques Informatiques CSHS et responsable du laboratoire LM2I pour son soutien moral, son esprit critique et rigoureux qui ont inspiré ma réflexion.

Je tiens à remercier M. Mohammed Bouidida, Directeur de l'ENSAM, pour son soutien. Merci aussi à tous mes collègues à l'ENSAM. Leur amitié et leur bonne humeur m'ont beaucoup encouragé durant mes travaux.

Enfin, je remercie ma famille, mes amis et tous ceux qui, de près ou de loin, m'ont soutenu.

Table des matières

Introduction générale 1

Contexte général 1
Complexité du processus d'ECD 2
Processus d'ECD multi-vues 4
Démarche et objectifs 5
Organisation du mémoire 6

Partie I – Etat de l'art 9

1. L'Extraction de Connaissances à partir de Données 11

1.1. Terminologie 13
1.2. Aperçu sur le processus d'ECD 14
   1.2.1. Etapes du processus d'ECD 15
   1.2.2. Différentes tâches de l'ECD 17
      1.2.2.1. Description et synthèse de données 17
      1.2.2.2. Segmentation 18
      1.2.2.3. Classification 19
      1.2.2.4. Régression 19
      1.2.2.5. Analyse de dépendances 19
   1.2.3. Analyse de quelques outils libres d'ECD 20
      1.2.3.1. Weka 20
      1.2.3.2. R-project 21
      1.2.3.3. RapidMiner 21
      1.2.3.4. KNIME 22
      1.2.3.5. Analyse comparative 22
1.3. Modèles de processus, langages et standards pour l'ECD 23
   1.3.1. Motivations 23
   1.3.2. Modèles de processus d'ECD 24
      1.3.2.1. Modèles d'origines recherche académique 25
      1.3.2.2. Modèles d'origines industriels 26
      1.3.2.3. Modèles hybrides 28

1.3.3. Analyse comparative des modèles de processus d'ECD 29
1.3.4. Langages pour l'ECD 32

1.4. Assistance des utilisateurs en ECD 34

    1.4.1. Annotation du processus d'ECD 35
        1.4.1.1. L'approche Mining Mart 35
        1.4.1.2. Annotation orientée points de vue du processus d'ECD 36
    1.4.2. Construction automatique de plans d'exécution 37
        1.4.2.1. Le prototype IDA 37
        1.4.2.2. Le système KDDVM 38
    1.4.3. Construction collaborative de plans d'exécution : le projet e-LICO 40
    1.4.4. Analyse comparative 42

1.5. Synthèse 44

2. Point de vue en représentation des connaissances 45

2.1. La notion de point de vue et représentation multi-vues 46

    2.1.1. Différentes définitions de la notion de point de vue 46

2.2. Représentation multi-points de vue des connaissances 49

    2.2.1. Représentation des connaissances par objets 49
        2.2.1.1. Le langage KRL 50
        2.2.1.2. Le modèle TROPES 51
        2.2.1.3. Du langage VBOOL au profil VUML 53
    2.2.2. Représentation des connaissances par graphes 55
        2.2.2.1. Modèles C-VISTA et CG-VISTA 55
    2.2.3. Ontologies multi-points de vue 57
        2.2.3.1. Conception collaborative d'une ontologie multi-points de vue 58
        2.2.3.2. C-OWL ou la contextualisation d'ontologies 59
        2.2.3.3. MVP : modèle pour ontologies multi-points de vue 61
    2.2.4. Représentation des connaissances en ECD 63
        2.2.4.1. Plateforme d'annotation du processus d'ECD multi-points de vue ... 63
        2.2.4.2. Notre approche 66

2.3. Synthèse 66

Partie II – Contributions pour la représentation et la gestion des connaissances d'un processus d'ECD multi-vues 71

3. Modèle Conceptuel de connaissances 73

3.1. Présentation du modèle de connaissances 74

3.1.1. Notion de la connaissance 74
3.1.2. Ingénierie des connaissances 75
3.1.3. Modélisation des connaissances 75
3.1.4. Modèle Conceptuel des connaissances en ECD 76

3.2. Principe général 77

3.2.1. Modèle du domaine 78
3.2.2. Modèle tâche et méthode 78
3.2.3. Modèle du point de vue 79
3.2.4. Modèle organisationnel des points de vue 79

4. L'ontologie OntoECD : Modèle tâche et méthode 81

4.1. Représentation ontologiques des connaissances 82

4.1.1. Notion d'ontologie en représentation des connaissances 82
4.1.2. Méthodologies de construction d'ontologies 83
4.1.3. Langages de représentation d'ontologies 84
4.1.4. Outils de construction d'ontologies 85

4.2. Développement de l'ontologie OntoECD 86

4.2.1. Spécification 87
4.2.2. Acquisition de connaissances 88
4.2.3. Conceptualisation 88
4.2.3.1. OntoECD pour CRISP-DM 90
4.2.3.2. Sémantique des concepts et des relations 90
4.2.3.3. Taxonomie de l'ontologie OntoECD pour CRISP-DM 93
4.2.3.4. OntoECD pour Data Mining 93
4.2.3.5. Sémantique des concepts et des relations 93
4.2.4. Intégration 95
4.2.5. Formalisation / Implémentation 96
4.2.6. Evaluation de l'ontologie 97
4.2.7. Opérationnalisation de l'ontologie OntoECD 98
4.2.7.1. Editeur de l'ontologie 98
4.2.7.2. Exploitation de l'ontologie 101

4.3. Principales ontologies pour le processus d'ECD 101

4.4. Synthèse 103

5. Modèle du point de vue en ECD 105

5.1. Définition du point de vue en ECD 106

5.1.1. Contexte d'utilisation 106
5.1.2. Définition de travail 106

5.2. Critères génériques d'un point de vue en ECD 108

5.2.1. Caractérisation multi-critères du point de vue en ECD 109
5.2.2. Critères génériques 110

5.3. Modèle du point de vue 114

6. Modèle organisationnel de points de vue 117

6.1. Modélisation des objectifs d'un processus d'ECD multi-vues 118

6.1.1. Approches de modélisation orientée but 118
    6.1.1.1. La notion de but 119
    6.1.1.2. Rôles des buts en modélisation 119
    6.1.1.3. Classification de buts 120
6.1.2. Modèle générique de buts en ECD 121
    6.1.2.1. Caractérisation et représentation de buts 122
    6.1.2.2. Relations sémantiques entre buts 122
    6.1.2.3. Raisonnement sur les modèles de buts 125
    6.1.2.4. Modèle générique de buts en ECD 126
    6.1.2.5. Exemple de modèle de buts 128

6.2. Modélisation des relations entre points de vue en ECD 130

6.2.1. Relations entre points de vue d'une analyse multi-vues 131
6.2.2. Utilité des relations entre points de vue 132

6.3. Synthèse 133

7. Système à base de connaissance pour l'assistance des utilisateurs du processus d'ECD multi-vues 135

7.1. Prototype et architecture générale 136

7.2. Outil d'interrogation de l'ontologie OntoECD – étude de cas 138

7.2.1. Compréhension du domaine 139
7.2.2. Compréhension des données 139
7.2.3. Préparation des données.. 140
7.2.4. Modélisation... 141
7.2.5. Evaluation 143
7.2.6. Annotations du processus 144

Conclusion générale 147

Bibliographie... 151

Annexes 163

Annexe 1 – Visualisation de l'ontologie OntoECD 165

Annexe 2 – Tâches génériques et livrables d'un processus d'ECD 168

Annexe 3 – Liste exhaustive des critères du point de vue en ECD 170

Liste des figures

Figure 1. Volume de données et capacité de stockage dans le monde entre 2005 et 2011 (Source IDC, 2008) 1

Figure 2. Paramètres de la classe J48 pour générer un arbre de décision sous Weka 4

Figure 3. Exemple de situation d'analyse multi-points de vue des données d'une plateforme e-learning 5

Figure 4. Organisation du mémoire et guide de lecture 7

Figure 1.1. Techniques et domaines en relation avec le processus d'ECD 14

Figure 1.2. Etapes du processus d'ECD selon (Fayyad et al., 1996a) 15

Figure 1.3. Comparaison de 4 outils libre d'ECD 23

Figure 1.4. Structure séquentielle et feedback dans un modèle de processus d'ECD 25

Figure 1.5. Phase du processus d'ECD selon le modèle CRISP-DM 27

Figure 1.6. Modèle du processus d'ECD proposé par Cios et al., 2000 29

Figure 1.7. Estimation de l'effort relatif maximum consacré à chacune des étapes d'ECD pour les trois modèles : CRISP-DM, Cabena et al., Cios et al. (source : Cios et al., 2007) 32

Figure 1.8. Extrait d'un fichier PMML décrivant un modèle de Clustering généré sous l'outil KNIME sur le jeu de donné iris (Source : http://www.dmg.org) 33

Figure 1.9. Utilisation des langages PMML et XML dans un environnement d'ECD 34

Figure 1.10. Le méta-modèle M4 de l'approche Mining Mart et son utilisation 36

Figure 1.11. Interaction entre connaissances de domaine et processus d'ECD (Behja et al., 2010) ... 37

Figure 1.12. Vue d'ensemble du prototype IDA 38

Figure 1.13. Classes et relations de base de l'ontologie KDDONTO 39

Figure 1.14. Spécifications générales du système KDDVM 40

Figure 1.15. Architecture et spécifications générales du système e-LICO 41

Figure 2.1. Exemple de perspectives dans KRL : un individu est instance d'une classe de base et de plusieurs perspectives qui lui donnent chacune une description particulière. 51

Figure 2.2. Principe et entités du modèle TROPES 53

Figure 2.3. Principe et entités du modèle VBOOL 53

Figure 2.4. Structure statique d'une classe multivues (Nassar, 2004) 55

Figure 2.5. Exemple de modèle générique de définition d'un point de vue 56

Figure 2.6. C-VISTA : représentation multi-points de vue de concepts 56

Figure 2.7. Points de vue relatifs à une conceptualisation d'un domaine (Falquet et Mottaz, 2001) 58

Figure 2.8. Modèle de définition de concepts multi-points de vue 59

Liste des figures

Figure 2.9. RDF Schéma définissant l'extension de OWL en C-OWL (Bouquet et al., 2004) 61

Figure 2.10. Modèle multi-points de vue MVP (Bach, 2006) 62

Figure 2.11. Template de définition d'un point de vue en ECD (Behja, 2009) 63

Figure 2.12. Exemple de vues générées lors de l'analyse de fichiers log http (Zemmouri et al., 2010) 64

Figure 2.13. Modèle du processus d'ECD 64

Figure 2.14. Modèle du point de vue 65

Figure 3.1. Les trois axes du triangle sémiotique, la conjonction S3 (Le Moigne, 1990) 74

Figure 3.2. Modèle Conceptuel de connaissances d'un processus d'ECD multi-vues 77

Figure 4.1. Construction d'une ontologie et niveau de formalisation 83

Figure 4.2. Phases de la méthode METHODOLOGY utilisée pour développer OntoECD (Fernández-López et al., 1997) 84

Figure 4.3. Couches du Web Sémantique et langages ontologiques du W3C (source : Semantic Web Layer Cake, W3C 2001) 84

Figure 4.4. Taxonomie générale de l'ontologie KDDONTO (Zemmouri et al., 2009) 86

Figure 4.5. Tâches et niveaux d'abstraction 90

Figure 4.6. Les six phases d'un processus d'ECD 91

Figure 4.7. Le concept tâche générique 91

Figure 4.8. Le concept Instance de processus 92

Figure 4.9. Contexte d'exécution d'un processus d'ECD 92

Figure 4.10. Patrie de la taxonomie de l'ontologie OntoECD pour CRISP-DM : structure de base d'un processus d'ECD conformément au modèle de référence CRISP-DM 93

Figure 4.11. Méthode d'ECD et paramètres 94

Figure 4.12. Taxonomie des méthodes d'ECD 94

Figure 4.13. Partie de la taxonomie de l'ontologie OntoECD pour Data Mining : Méthodes d'ECD, entrées/sorties et conditions d'exécution. 95

Figure 4.14. Aperçu du code OWL de l'ontologie OntoECD 96

Figure 4.15. Hiérarchie de classes et inférence à l'aide de FaCT++ 98

Figure 4.16. Interface de sélection de source de données 99

Figure 4.17. Interface d'édition des méthodes de prétraitement des données 100

Figure 4.18. Interface d'édition des méthodes de fouille de données 100

Figure 5.1. Composantes d'un point de vue en ECD 108

Figure 5.2. Niveaux d'abstraction dans le modèle de référence CRISP-DM (Chapman et al., 1999) 110

Figure 5.3. Partie de la hiérarchie des classes du point de vue en ECD 115

Figure 5.4. Classes relevant de la composante point de vue domaine de l'analyste 115

Figure 5.5. Classes relevant de la composante point de vue domaine analysé 116

Liste des figures

Figure 6.1. Représentation sous forme de graphe d'un modèle de buts 122

Figure 6.2. AND, OR-Decomposition de buts 123

Figure 6.3. Positive et Négative Influence entre buts 125

Figure 6.4. Exemple de propagation d'influences et inférence de nouvelles relations (a) Buts et relations identifiés initialement (b) Relations d'influence déduites par inférence 126

Figure 6.5. Modèle générique de buts d'un processus d'ECD multi-vues 127

Figure 6.6. Exemple de modèle de buts pour analyser les données d'une plateforme d'enseignement à distance selon trois points de vue des acteurs (enseignant, marketing et administrateur) 129

Figure 7.1. Architecture générale du système proposé 136

Figure 7.2. Scénarios d'utilisation du système proposé 137

Figure 7.3. Echantillon de données relatives aux résultats des étudiants par module 139

Figure 7.4. Echantillon de données relatives aux absences des étudiants par module 139

Figure 7.5. Interface d'initialisation du point de vue, chargement de données et section des attributs d'analyse 140

Figure 7.6. Interface de sélection de la méthode de fouille, paramétrage, et exécution sous Weka 141

Figure 7.7. Le modèle arbre de décision obtenu après exécution de la méthode J48 sur les résultats de validation de la première année ENSAM entre 2007 et 2012 143

Figure A1.1. Taxonomie générale de l'ontologie OntoECD 166

Figure A1.2. Graphe de l'ontologie OntoECD 167

Liste des tableaux

Tableau 1. Comparaison des cinq principaux modèles de processus d'ECD (adapté d'une étude de Kurgan et Musilek, 2006) 30

Tableau 2. Analyse comparative de différentes approches d'assistance des utilisateurs du processus d'ECD 43

Tableau 3. Comparaison de la signification des concepts et des termes les désignant 57

Tableau 4. Synthèse comparative des différentes approches de représentation multi-points de vue des connaissances 68

Tableau 5. Analyse comparative des principales ontologies pour le processus d'ECD 103

Tableau 6. Critères génériques d'un point de vue en ECD selon le modèle de référence CRISP-DM (Zemmouri et al., 2011) 111

Tableau 7. Tâches génériques et livrables d'un processus d'ECD 169

Tableau 8. Liste exhaustive des critères du point de vue en ECD 170

Liste des tableaux

Introduction générale

Contexte général

On assiste depuis quelques décennies à un déluge de données générées grâce au développement rapide des systèmes d'information d'entreprises (en particulier le Web et les bases de données) et des technologies des capteurs, appuyé par une capacité de stockage qui double tous les neuf mois (Fayyad et Uthurusamy, 2002). En effet, d'après un rapport de l'IDC[1] publié en 2011 (Gantz at al. 2011), le volume de données dans le monde estimé en 2011 à 1.8 zettabytes (1.8 10^{21}) est prévu 50 fois plus en 2020, et le volume de données créées ou capturées a dépassé la capacité de stockage disponible pour la première fois en 2007 (figure 1).

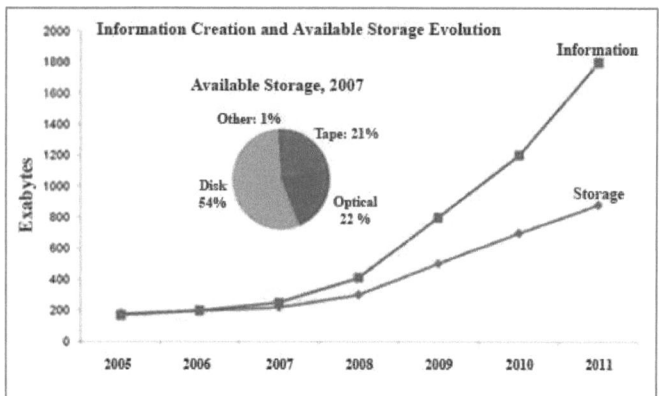

Figure 1. *Volume de données et capacité de stockage dans le monde entre 2005 et 2011 (Source IDC, 2008)*

---

1. http://www.emc.com/leadership/programs/digital-universe.htm

Cette croissance et « Big Data », ont transformé tous les aspects de l'entreprise et de la société actuelle, et ont créé de nouveaux défis pour les entreprises et pour la communauté scientifique. Parmi lesquels, comment comprendre et analyser une telle masse de données afin d'en extraire des connaissances.

L'Extraction de Connaissances à partir de Données (ECD) est le domaine de recherche où on étudie les techniques, les outils et les méthodologies visant l'extraction de connaissances nouvelles et potentiellement utiles à partie de grandes masses de données. On retient ici la définition donnée par Fayyad et al. (Fayyad et al. 1996b) « *le processus d'Extraction de Connaissances à partir de Données est un processus non trivial qui permet d'identifier, dans des données, des patterns ultimement compréhensibles, valides, nouveaux et potentiellement utiles* ». Ce processus se présente comme un processus itératif et interactif effectué sur plusieurs étapes interrompues continuellement par des prises de décision par l'utilisateur expert. Le processus d'ECD est composé de trois grandes étapes qui se répètent dans plusieurs itérations : *prétraitement de données*, *fouille de données* et *post-traitement des patterns identifiés*.

La littérature sur les techniques, outils, et algorithmes d'ECD est abondante. On a même tendance actuellement à publier les outils de data mining sous forme de Services Web (Talia et al. 2008) et Services Computing. Cependant, durant un projet d'extraction de connaissances, l'utilisateur/analyste n'est généralement pas un expert d'ECD, mais une personne chargée de donner un sens aux données à l'aide des techniques de fouille disponibles. Et puisque le processus d'ECD est, par nature, interactif et itératif complexe, un des défis du domaine est d'offrir un environnement *« intelligent »* où les utilisateurs d'ECD seront assistés dans le choix, le paramétrage et la composition de méthodes et d'outils appropriés pour atteindre leurs objectifs.

Certes, une application aveugle des méthodes de fouille de données sur les données en main peut mener à la découverte de connaissances incompréhensibles, voire inutiles pour l'utilisateur final.

Complexité du processus d'ECD

Le processus d'ECD, de sa nature itérative et interactive, est largement accepté comme un processus complexe pour plusieurs raisons. Nous citons ci-dessous quelques sources de complexité du processus d'ECD (Ben Ahmed, 2005 ; Behja, 2009) :

Introduction générale 3

- *La nature des données manipulées :* la plupart des algorithmes et techniques de fouille de données sont conçus pour manipuler des données à forme tabulaire simple et à types atomiques (entiers, réel, nominal). Or ces dernières années, notamment dans le cas du Web, les données à analyser sont hétérogènes (textes, hypertextes, images, audio, et vidéo), incohérentes, évolutives, incomplètes et distribuées. Et la situation est de plus en plus complexe avec l'avènement de nouvelles technologies telles que le Cloud Computing, les systèmes de fichiers distribués et Big Data. Des données avec telles caractéristiques nécessitent un certain niveau d'expertise de la part de l'utilisateur d'ECD pour les préparer et les adapter aux conditions d'exécution des algorithmes de fouille disponibles.

- *La nature des tâches effectuées durant les différentes phases du processus d'ECD :* si ces tâches se basent sur l'expertise dans leur application ou l'interprétation de leurs résultats, le processus d'ECD devient plus complexe. Certains algorithmes exigent une certaine forme de données, ce qui nécessite de créer des objets intermédiaires rendant compliqué le processus.

- *L'interdépendance des étapes d'ECD :* plus les étapes sont dépendantes, plus les feedbacks et la récursivité sont intenses et plus l'implication de l'utilisateur est accrue.

- *L'objectif de l'étude et la nature des connaissances recherchées :* pour une analyse de données pour l'extraction de connaissances, il faut trouver un support adéquat pour ces connaissances qui réduit au maximum la perte d'information et qui permet leur exploitation.

- *La multitude des méthodes et des algorithmes pour réaliser une même tâche d'ECD*, le grand nombre de paramètres de ces algorithmes, et les pré-conditions et post-conditions de leur exécution (nature des attributs, traitement des valeurs manquantes et des valeurs aberrantes). Par exemple, pour un problème de classification, plusieurs méthodes de classification sont disponibles (Arbres de Décision, Classification Bayesienne, Réseaux de Neurones, Régression Logistique …). Et pour chaque méthode, plusieurs algorithmes sont possibles et avec un certain nombre de paramètres (pour les arbres de décision : CART, ID3, C4.5…). La figure 2 illustre les 11 paramètres qu'il faut ajuster pour générer un arbre de décision sous Weka (Witten et al., 2011) en utilisant la classe J48 (une implémentation Java de l'algorithme C4.5).

Introduction générale 4

Ainsi, la mise en œuvre efficace d'un projet de fouille de données nécessite des connaissances pointues et des décisions appropriées sur un bon nombre de techniques spécialisées (la préparation des données, la transformation des attributs, le choix d'algorithmes et de paramètres, les méthodes d'évaluations des résultats, etc.). Ce qui fait qu'un utilisateur novice de l'ECD a besoin d'une assistance pour bien réussir ces objectifs.

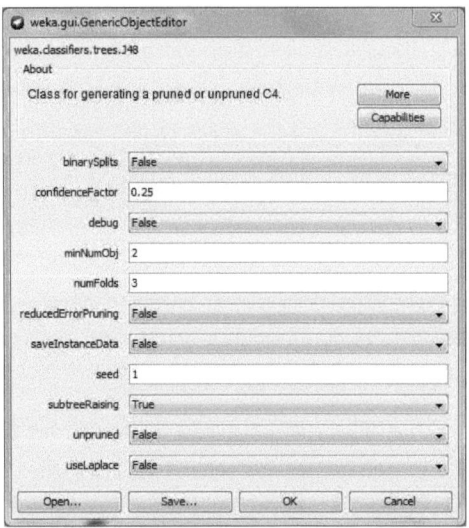

Figure 2. *Paramètres de la classe J48 pour générer un arbre de décision sous Weka*

Processus d'ECD multi-vues

De plus, dans une organisation, un projet d'extraction de connaissances à partir de données est le plus souvent mené par plusieurs experts acteurs du système (experts de domaine, experts d'ECD, experts de données...), chacun ayant ses préférences, son domaine de compétence, ses objectifs et sa propre vision des données, des méthodes et des fonctions d'ECD. C'est ce que nous qualifions de *processus d'ECD multi-vues* (ou processus *multi-points de vue*). En effet, combiner différents points de vue dans un processus d'ECD rend plus complexe ce dernier à cause des difficultés relatives à la coordination et à la gestion de conflits entre les différents experts (différence de raisonnement, différence de terminologies, etc.).

La figure 3 illustre un exemple d'une analyse multi-vues des données d'une plateforme d'enseignement à distance (notre contexte applicatif). Ces données (qui se composent essentiellement de fichiers log http, la base de données de la plate-forme et son contenu pédagogique) peuvent être analysées par plusieurs analystes acteurs du système : enseignants, tuteurs, administrateur, marketing, etc. L'objectif d'analyse d'un enseignant (ex. *améliorer la qualité d'un cours*) n'est pas le même que celui de l'administrateur (ex. *assurer la fiabilité de la plateforme*). Les attributs utilisés pour l'évaluation d'un cours sont différents de ceux utilisés pour étudier la fiabilité de la plateforme. De même, les méthodes, outils et techniques d'ECD utilisés seront différents, et l'interprétation des résultats du processus dépend des objectifs d'analyse, et de la vision de l'analyste. Ainsi, il est fondamental de tenir compte du point de vue de chaque analyste, de l'interaction entre les différents points de vue, et d'intégrer les deux types de connaissances de domaine (domaine de l'analyste et domaine analysé) dans le processus d'ECD.

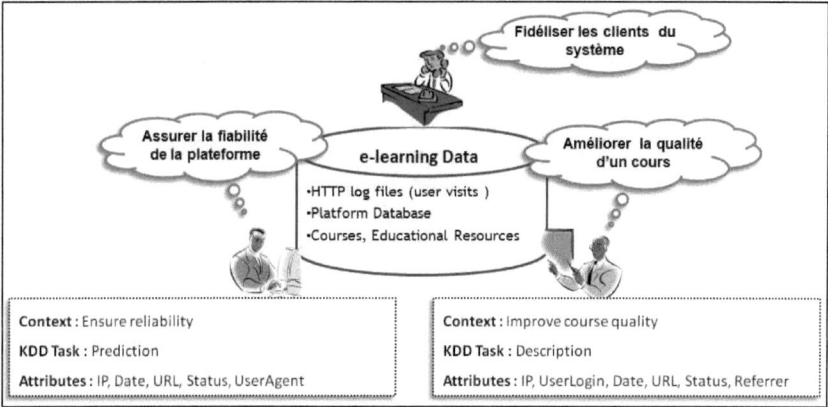

Figure 3. *Exemple de situation d'analyse multi-points de vue des données d'une plateforme e-learning*

Démarche et objectifs

Dans cette thèse, réalisée dans le cadre du projet WRUM[2] en collaboration avec l'équipe-projet AxIS[3] de l'INRIA Sophia Antipolis, nous proposons d'appréhender la complexité du processus d'ECD multi-vues et assister ses utilisateurs à travers le développement d'un ensemble de modèles sémantiques pour la gestion des connaissances mises en œuvre lors d'un tel processus. La modélisation que nous proposons se veut générique dans le sens où elle est indépendante du domaine d'application et des techniques et outils d'exécution. Elle tient

---

2. Le projet WRUM (Web Redesign by multi-site Usage Mining) est une collaboration entre l'ENSAM Meknès, la Faculté des Sciences Ben Msik Casablanca et l'équipe AxIS de l'INRIA Sophia Antipolis France. Accordé par le Ministère de l'Enseignement Supérieur pour la période 2009-2013.
3. http://www-sop.inria.fr/axis/

Introduction générale 6

compte de la notion de point de vue et intègre les deux types de connaissances : connaissance du domaine analysé et connaissance du domaine de l'analyste.

Dans nos travaux nous avons adopté une démarche d'ingénierie des connaissances : identification, modélisation, et opérationnalisation (Charlet et al., 2000). Dans la phase d'identification/acquisition des connaissances, nous nous sommes basés sur le standard CRISP-DM (Shearer, 2000) pour identifier un ensemble de critères génériques qui permettent de caractériser la notion de point de vue en ECD. Dans la deuxième phase, les connaissances mises en œuvre lors d'une analyse multi-vues sont structurées dans un Modèle Conceptuel de Connaissance composé de quatre sous-modèles hiérarchiques : *modèle du domaine, modèle de tâches et méthode, modèle du point de vue* et *modèle organisationnel des points de vue*. Dans la troisième phase d'opérationnalisation, les trois derniers sous-modèles sont formalisés en utilisant le langage OWL (Web Ontology Language).

Les objectifs de nos travaux sont multiples :

- Explicitation et formalisation de la notion de points de vue en ECD.

- Acquisition, modélisation et formalisation des connaissances dans un contexte de multi-expertises.

- **Coordination et partage de connaissances** : Garder la trace de raisonnement effectué pendant un travail collaboratif afin d'assurer une coordination, compréhensibilité et partage de connaissances entre les différents acteurs d'une analyse multi-vues.

- **La réutilisation de connaissances** : améliorer et encourager la réutilisation d'expériences d'ECD réussies et des plans d'exécution en termes de points de vue, et en termes d'interactions et interdépendances entre acteurs.

- **Support des utilisateurs novices de l'ECD** : assister les utilisateurs non-experts dans la conception et l'exécution de plans d'exécution valides en se basant sur la caractérisation des données en main et la tâche d'analyse, et en prenant en considération leur niveau de connaissances.

Organisation du mémoire

Après cette section introductive, ce mémoire est composé de sept chapitres organisés en deux parties. Une partie état de l'art et une partie contributions pour la représentation et la gestion des connaissances d'un processus d'ECD multi-points de vue. Le plan est présenté dans la figure 4 et détaillés dans les points suivants :

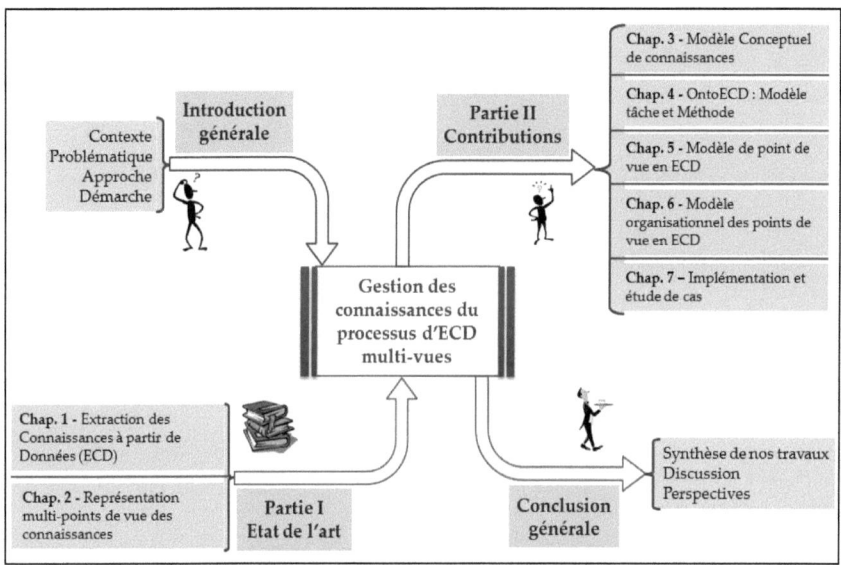

Figure 4. *Organisation du mémoire et guide de lecture*

Le chapitre 1 présente le processus d'extraction de connaissances à partir de données. Dans ce chapitre, nous abordons le processus d'ECD de plusieurs aspects : les étapes du processus, ses différentes tâches et outils, et la panoplie des modèles, standards et langages pour l'ECD. Puis nous présentons quelques travaux ayant pour objectif d'assister les utilisateurs de ce processus complexe. Dans chaque partie nous dressons une analyse comparative d'une sélection de contributions dans la littérature du processus. Ce premier chapitre constitue un pré requis, ou plus exactement une certaine connaissance sur le domaine de l'ECD.

Le chapitre 2 présente un état de l'art sur l'utilisation de la notion de point de vue dans la modélisation des systèmes d'information et la représentation des connaissances. Dans ce chapitre nous passons en revue les différentes définitions et approches de la notion de point de vue. Et nous proposons une analyse et comparaisons d'un ensemble de systèmes qui ont intégré la notion de point de vue, surtout pour une représentation des connaissances multi-points de vue.

Le chapitre 3 est consacré pour la présentation de notre Modèle Conceptuel de gestion des connaissances dans un processus d'ECD multi-vues. Ce chapitre est considéré comme introductif à la partie contributions de ce mémoire, et comme une base pour développer les trois chapitres suivants.

Le chapitre 4 est consacré à la présentation de notre ontologie OntoECD pour le processus d'ECD. Cette ontologie est une formalisation du sous-modèle tâche et méthode du Modèle Conceptuel. Ainsi, nous expliquons d'abord les raisons d'être de l'ontologie OntoECD. Puis nous présentons son cycle de construction (conceptualisation, ontologisation et opérationnalisation) et l'outil que nous avons développé pour son édition et exploitation.

Le chapitre 5 se réfère au développement de notre approche de point de vue en ECD. Dans ce chapitre nous introduisons notre définition du point de vue et nous expliquons les objectifs que nous nous somme donnés par rapport à cette définition. Par la suite, en se basant sur le modèle de référence CRISP, nous proposons une caractérisation multi-critères du point de vue en ECD. Une caractérisation qui formalise le sous-modèle de point de vue du notre Model Conceptuel.

Le chapitre 6 se consacre à la présentation d'un ensemble de relations sémantiques entre points de vue d'une analyse multi-vues. Nous détaillerons l'approche de modélisation orientée but adoptée pour identifier et formaliser ces relations ainsi que les mécanismes de raisonnement et d'inférence y afférant. Dans ce chapitre, il s'agit du sous-modèle organisationnel des points de vue de notre Modèle Conceptuel.

Le chapitre 7 présente quelques implémentations et études de cas que nous avons réalisé pour évaluer notre approche.

Partie I

Etat de l'art

Chapitre 1

L'Extraction de Connaissances à partir de Données

L'extraction de connaissances et data mining consiste à donner un sens aux grandes quantités de données, d'un certain domaine, capturées et stockées massivement par les entreprises d'aujourd'hui. En effet, la vraie valeur n'est pas dans l'acquisition et le stockage des données, mais plutôt dans notre capacité d'en extraire des rapports utiles et de trouver des tendances et des corrélations intéressantes pour appuyer les décisions faites par les décideurs d'entreprises et par les scientifiques. Cette extraction fait appel à une panoplie de techniques, méthodes, algorithmes et outils d'origines statistiques, intelligence artificielle, bases de données, etc.

Cependant, avant de tenter d'extraire des connaissances utiles à partir de données, il est important d'avoir une procédure bien claire et d'en comprendre l'approche globale. En effet, simplement savoir des algorithmes d'analyse de données et les appliquer sur des données en main n'est pas suffisant pour la bonne conduite d'un projet de data mining. Certes, une application aveugle des méthodes de data mining sur les données en main peut mener à la découverte de connaissances incompréhensibles voire même inutiles pour l'utilisateur final (Fayyad et al., 1996a).

C'est principalement pour cette raison que l'activité de l'extraction de connaissances et data mining a été rapidement organisée sous forme d'un processus appelé processus d'*Extraction de Connaissances à partir de Données* (**ECD**). Ce processus se présente comme un processus complexe, non trivial, composé de plusieurs étapes itératives, et nécessitant une interactivité permanente de la part de l'utilisateur expert. Le processus constitue une feuille de route à suivre par les praticiens lors de la planification et la réalisation des projets d'extraction de connaissances à partir de données.

Dans ce contexte, l'ECD émerge comme un domaine à part entière, sans remettre en cause ses origines, qui intègre de nouvelles problématiques (Fayyad et al.1996(a)). Et on peut même annoncer, sans craindre de critiques, qu'il se développe petit à petit en une ingénierie d'Extraction et Gestion de Connaissances (EGC[4]) qui dispose actuellement de ses propres modèles, méthodologies et langages.

L'objectif du présent chapitre et de survoler les différents aspects du processus d'ECD, de la terminologie du domaine aux modèles et méthodologies du processus, passant par les étapes, les tâches et les outils de l'ECD.

---

[4]. Sigle utilisé aussi pour une conférence annuel sur l'ECD, http://www.egc.asso.fr/

Chapitre 1 – Le processus d'ECD 13

1.1. Terminologie

Une confusion subsiste jusqu'à nos jours entre les termes « Data Mining » (DM), traduit en français par « Fouille de Données » (FD), et « Knowledge Discovery in Databases » (KDD), traduit en français par « Extraction de Connaissances à partir de Données » (ECD). En effet, pour de nombreux chercheurs et praticiens, le terme DM est utilisé comme un synonyme de l'ECD en plus d'être utilisé pour décrire l'une des étapes du processus d'ECD.

Pour cette raison, les significations de ces termes sont d'abord expliquées et distinguées avec quelques références.

Le **Data mining** concerne l'application, sous contrôle humain, de méthodes de fouille de bas niveau, qui sont à leur tour définies comme des algorithmes conçus pour analyser des données, ou pour extraire des motifs (ou modèles) spécifiques à partir d'une grande quantité de données (Klosgen et Zytkow, 1996). On souligne ici le fait que le data mining concerne l'analyse de grande masse de données, et non pas des données de petites tailles qui peuvent être facilement traitées à l'aide de nombreuses techniques standards de statistiques, ou même manuellement.

Data mining est également connu, dans différentes communautés scientifiques, sous d'autres noms, y compris l'extraction de connaissances (knowledge extraction), la découverte d'information (information discovery), la récolte d'informations (information harvesting), l'archéologie des données (data archeology), et le traitement des modèles de données (data pattern processing) (Fayyad et al., 1996a).

Le terme data mining est utilisé plus par les statisticiens, les chercheurs en bases de données (particulièrement les bases de données décisionnelles), et récemment par les industriels.

L'Extraction de Connaissances à partir de Données est un *processus* pour la découverte de nouvelles connaissances sur un domaine d'application donné. Il consiste en de nombreuses étapes, dont la plus importante est la fouille de données (data mining). Chaque étape du processus vise l'achèvement d'une tâche particulière, et est réalisée par l'application d'une ou plusieurs méthodes particulières (Klosgen et Zytkow, 1996).

L'ECD est également défini comme étant « un *processus non trivial* qui permet d'identifier, dans des données, des patterns ultimement compréhensibles, valides, nouveaux et potentiellement utiles » (Fayyad et al., 1996b). Cette définition est la plus répandue dans la communauté Extraction et Gestion des Connaissances. Elle a été proposée suite à la révision de la définition originale publiée par Frawley et al. (1991). Elle généralise l'application du processus sur des sources non-base de données, même si elle met l'accent sur les bases de données en tant que principale source de données.

Le terme **Extraction de Connaissances et Data Mining** (Knowledge Discovery and Data Mining, KDDM) est utilisé aussi pour désigner le processus d'Extraction des Connaissances appliquée à n'importe quelle source de données. Le KDDM a été proposé comme le terme le plus approprié pour le processus global d'Extraction des Connaissances (Reinartz, 2002; Cios et Kurgan, 2005).

Ainsi l'ECD peut être vue comme une ingénierie pour extraire des connaissances à partir de données par le biais du data mining.

Dans ce mémoire nous utilisons le terme ECD pour désigner le processus d'extraction de connaissances en entiers, le terme fouille de données comme une étape du processus d'ECD, et le terme data mining pour désigner l'exécution d'une méthode de traitement de données pendant une des étapes du processus d'ECD.

En tant que processus, l'ECD dispose actuellement de ses propres modèles, méthodologies et standards. Ceci fera l'objet des sections suivantes de ce chapitre.

1.2. Aperçu sur le processus d'ECD

L'ECD est un processus itératif et interactif qui fait appel à un ensemble de techniques et outils issus de différents domaines tels que : les bases de données, la statistique, l'intelligence artificielle, l'apprentissage automatique, la reconnaissance de formes, l'analyse de données, et les techniques de visualisation (figure 1.1) (Zighed et Rakotomalala, 2002).

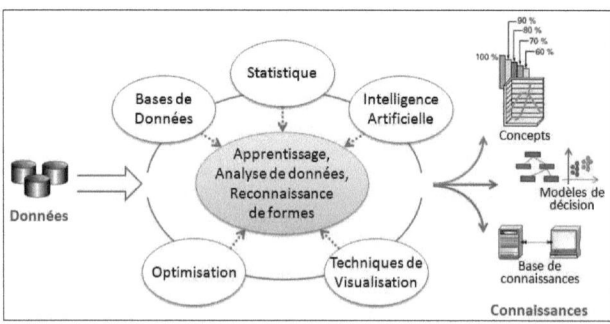

Figure 1.1. *Techniques et domaines en relation avec le processus d'ECD*

Chapitre 1 – Le processus d'ECD 15

Le processus d'ECD vise à transformer des données (volumineuses, multiformes, stockées sous différents formats sur des supports pouvant être distribués) en connaissances. Ces connaissances peuvent s'exprimer sous forme de concepts généraux qui enrichissent le champ sémantique de l'usager par rapport à une question qui le préoccupe. Elles peuvent prendre la forme d'un rapport ou d'un graphique. Elles peuvent s'exprimer comme un modèle mathématique ou logique pour la prise de décision. Les connaissances extraites doivent être les plus intelligibles possibles pour l'utilisateur. Elles doivent être validées, mises en forme et agencées (Zighed et Rakotomalala, 2002).

Le processus d'ECD s'effectue sur plusieurs étapes interrompues continuellement par des prises de décision par l'utilisateur expert. Il nécessite sommairement la préparation des données, la recherche de patterns et l'évaluation des connaissances extraites et leur raffinement, toutes répétées dans plusieurs itérations (Fayyad et al. 1996a) (figure 1.2) :

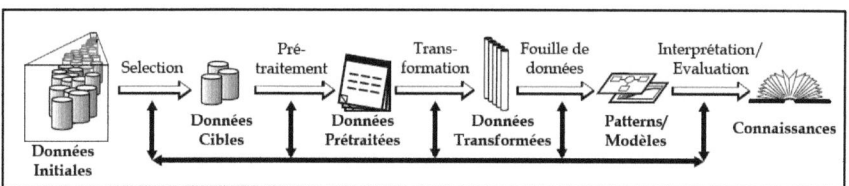

Figure 1.2. *Etapes du processus d'ECD selon (Fayyad et al., 1996a)*

1.2.1. Etapes du processus d'ECD

Neuf étapes ont été proposées initialement pour le processus d'ECD (Brachmann et Anand, 1996 ; Fayyad et al., 1996b) mettant en valeur le caractère itératif du processus ainsi que le rôle central de l'utilisateur expert. Ces étapes se résument comme suit :

1. *Compréhension du domaine d'application* : consiste à développer une compréhension du domaine d'application et des connaissances pertinentes préalables. Cette étape prépare l'analyste pour comprendre et définir les objectifs opérationnels du processus d'ECD du point de vue des utilisateurs immédiats de ses résultats.

2. *Création d'un jeu de données cibles* : l'analyste doit sélectionner les données à utilisées (pour la fouille, la validation et le teste) et les attributs pertinents pour la tâche de fouille de données.

3. *Nettoyage des données et prétraitement* : cette étape vise la préparation d'un jeu de données « propre » et bien structuré. Elle comprend des opérations de base telles que : l'élimination

des données bruyantes et/ou des valeurs aberrantes (si jugée convenable), recueil des informations nécessaires pour modéliser et tenir compte du bruit, choix des stratégies de traitement des valeurs manquantes, ainsi que de décider des questions sur la base de données à utiliser (les types de données, le schéma à utiliser et le mapping des valeurs manquantes ou inconnues).

4. *Réduction et projection des données* : il s'agit de trouver des attributs utiles pour représenter les données en fonction de l'objectif de la tâche d'extraction, et d'utiliser des méthodes de réduction de dimensionnalité ou de transformation afin de réduire le nombre effectif de variables d'étude et dégager de nouvelles variables plus pertinentes. Cette étape est très importante pour la réussite du projet d'ECD et doit être adaptée en fonction de la base de données et des objectifs opérationnels du projet.

5. *Choix de la tâche de fouille (data mining task)* : faire correspondre les objectifs opérationnels du processus d'ECD (étape 1) à une tâche particulière de fouille de données, comme la classification, la régression, le clustering, ou la description et synthèse de données (Fayyad, et al., 1996b)

6. *Choix des algorithmes de fouille de données appropriés* : consiste à sélectionner les méthodes à utiliser pour la chercher de patterns dans les données, décider quels sont les modèles et paramètres appropriés (les modèles pour les données qualitatives diffèrent de ceux conformes aux vecteurs de valeurs réelles), et conclure par le choix d'une méthode particulière de fouille de données en accord avec le critère global du processus d'ECD (par exemple l'utilisateur final peut être intéressé plus par la compréhension du modèle que par ses capacités de prédiction).

7. *Fouille de données (data mining)* : il s'agit d'exécuter la ou les méthodes choisies (étape 6) avec leurs paramètres afin d'extraire des patterns d'intérêt sous une forme de représentation particulière. Par exemple des règles ou arbres de classification, des modèles de régression, des clusters, et autres. Parfois il sera nécessaire d'appliquer la méthode de fouille plusieurs fois pour obtenir le résultat escompté.

8. *Interprétation des patterns extraits* : cette étape comprend l'évaluation et l'interprétation des modèles découverts dans les données. Il peut être nécessaire de retourner à l'une des étapes 1 à 7 pour des itérations éventuelles. Cette étape donne l'occasion de revenir sur les étapes précédentes, mais aussi d'avoir une représentation visuelle des patterns, de

Chapitre 1 – Le processus d'ECD 17

supprimer les patterns redondants ou non représentatifs et de transformer le résultat en informations compréhensibles par l'utilisateur final.

9. **Consolidation des connaissances extraites** : en utilisant directement ces connaissances, en les incorporant dans d'autres systèmes pour des actions ultérieures, ou simplement en les documentant et les rapportant aux utilisateurs concernés. Ceci inclue également la détection et la résolution de tout conflit potentiel avec d'autres connaissances déjà confirmées ou extraites.

Les étapes présentées ci-dessus ne sont pas séquentielles. En effet, lors d'un processus d'ECD, l'analyste est amené à faire des itérations et des révisions entre étapes. De plus, la pluparts des travaux de définitions et de modélisation du processus d'ECD se croisent pour confirmer que ce processus est composé de trois grandes étapes (Kurgan et Musilek, 2006) : *prétraitement des données, fouille de donnée* et *post-traitement* des patterns identifiés.

1.2.2. Différentes tâches de l'ECD

La tâche représente le but, ou l'objectif, d'un processus d'ECD. Selon Fayyad et al. (1996b), on distingue dans la pratique deux tâches primaires de haut niveau du data mining : la prédiction et la description. La prédiction consiste à utiliser des variables ou des champs dans la base de données pour prédire des valeurs futures ou inconnues d'autres variables d'intérêt. Alors que la description se concentre sur la recherche de patterns (modèles, schémas ou règles) décrivant les données et interprétables par l'utilisateur. Bien que les limites entre la prédiction et la description ne sont pas nettes (en effet un modèle prédictif peut être descriptif, dans la mesure où il est compréhensibles et donne une idée sur les donnée, et vice-versa), la distinction entre ces deux tâches est utile pour la compréhension de l'objectif global du processus d'ECD.

Les tâches de prédiction et de description peuvent être réalisées en utilisant une grande variété de méthodes de fouille de données. Nous présentons ici un bref aperçu sur quelques unes de ces méthodes ainsi que les dépendances entre elles :

1.2.2.1. Description et synthèse de données

La description et synthèse de données (data description and summarization) est une tâche purement descriptive ayant pour objectif l'identification concise des caractéristiques des données, généralement sous forme élémentaire et agrégée. Elle permet ainsi à un analyste d'avoir une compréhension synthétique de l'ensemble de ses données.

Chapitre 1 – Le processus d'ECD 18

Il s'agit principalement d'outils de synthèse d'information. Cette synthèse peut s'exprimer par des indicateurs statistiques. Par exemple, pour des attributs quantitatifs, les indicateurs les plus utilisés sont la moyenne, l'écart-type, le mode et la médiane. Pour des attributs qualitatifs, on associe généralement la distribution selon les modalités de l'attribut. Ces indicateurs statistiques, qu'ils soient descriptifs de la tendance centrale, des positions ou de la dispersion, nous renseignent pleinement sur une caractéristique particulière des données. Ils sont généralement représentés par des graphiques, car plus faciles à interpréter. La description et la visualisation peuvent être mono- ou multidimensionnelles. Pour l'essentiel, il s'agit de rendre visibles des objets ou des concepts qui se trouvent dans des espaces de description trop riches.

Parfois, la description des données seule peut être la tâche d'un processus d'ECD (par exemple, un distributeur de marchandises peut-être intéressé par le chiffre d'affaires des points de vente répartis par catégories pour une période donnée ainsi que la synthèse de l'évolution des ventes par rapport à une période précédente). Cependant, dans presque tous les projets d'ECD, la description de données constitue une sous tâche dans le processus global, généralement dans les premières étapes de compréhension du domaine d'application et des données. En effet, une analyse exploratoire des données au début du processus d'ECD peut aider l'analyste à comprendre la nature des données en main et de trouver des hypothèses possibles sur les patterns cachés dans les données.

On note enfin que les techniques de description et de synthèse de données sont souvent utilisées pour l'exploration et l'analyse interactive des données et pour la génération automatique de rapports (Fayyad et al., 1996b).

1.2.2.2. Segmentation

La segmentation, ou clustering, est une tâche descriptive commune où on cherche à identifier un ensemble fini de catégories ou clusters pour décrire les données (Jain et Dubes 1988). Les membres de chaque cluster partagent certaines caractéristiques significatives. Les catégories peuvent être mutuellement exclusives et exhaustives, ou bien elles consistent en une représentation plus riche comme les catégories hiérarchiques ou en chevauchement.

La segmentation peut être à elle seule la tâche d'un processus d'ECD. Ainsi, la détection des clusters serait l'objectif principal de l'exploration des données. Cependant, la segmentation est souvent une étape intermédiaire pour la réalisation d'autres tâches d'ECD. Dans ce cas, l'objectif de la segmentation peut être de garder une taille raisonnable des données ou de détecter des sous-ensembles de données homogènes qui sont plus simples à analyser.

1.2.2.3. Classification

La classification est l'apprentissage d'une fonction (ou d'un modèle) qui permet d'affecter un individu à une classe donnée parmi un ensemble de classes prédéfinies (Weiss et Kulikowski, 1991; Hand, 1981). La classification suppose qu'il existe un ensemble de données d'apprentissage, où chaque donnée (individu) est caractérisée par un ensemble d'attributs et est étiquetée par sa classe (valeur symbolique d'un attribut classifiant). Les modèles de classification sont le plus souvent utilisés comme des modèles prédictifs.

Les étiquettes de classe peuvent être données à l'avance, par exemple définies par l'utilisateur ou provenant de la segmentation. En effet, dans un problème de classification, la segmentation peut servir comme une étapes préliminaires pour détecter les classes (étiquettes) cachées dans les données d'apprentissage, ou pour restreindre le jeu de données de telle sorte à construire des modèle de classification pertinents.

1.2.2.4. Régression

Une autre tâche très répondue de prédiction est la régression. La régression est similaire à la classification. La seule différence est que dans un problème de régression l'attribut cible (la classe) n'est pas un attribut qualitatif discret mais continu. Ainsi la régression vise à expliciter une relation de type linéaire ou non linéaire entre un ensemble de variables dites explicatives (ou exogènes) et une variable réelle continue dite dépendante ou à expliquer (ou encore endogène). On réserve en général le nom de régression multiple au cas où les variables explicatives sont continues. Lorsque celles-ci sont des variables nominales, on parle d'analyse de la variance, et pour un ensemble de variables mixtes, d'analyse de la covariance. Si la régression traite des séries chronologiques, elle est appelée prévision.

1.2.2.5. Analyse de dépendances

L'analyse de dépendances consiste à trouver un modèle qui décrit les dépendances importantes (ou associations) entre les éléments de données ou des événements. Les dépendances peuvent être utilisées pour prédire la valeur d'un nouvel item de données sachant des informations sur d'autres items. Bien que les dépendances soient utiles pour la modélisation prédictive, elles sont principalement utilisées pour la description et la compréhension des données. Les dépendances peuvent être strictes ou probabilistes.

Les associations (Agrawal et al., 1993) forment un cas particulier de dépendances. Elles décrivent les affinités des éléments de données (les éléments de données ou événements qui se produisent fréquemment ensemble). Les motifs séquentiels (sequential patterns) (Agrawal et Srikant, 1995) constituent un type particulier d'associations où l'ordre des événements est pris en compte (l'attribut temps est significatif/pertinent).

L'analyse de dépendances a des liens étroits avec la classification et la segmentation. En effet, les dépendances peuvent être implicitement utilisées pour l'élaboration de modèles prédictifs. La segmentation est parfois utilisée pour détecter des segments de données homogènes sur lesquels il est plus pertinent d'effectuer une analyse de dépendances.

Les différentes tâches d'ECD revisitées ci-dessus sont implémentées dans une grande variété d'outils logiciels, objet de la section suivante.

1.2.3. Analyse de quelques outils libres d'ECD

Dans cette section nous présentons une analyse comparative de 4 outils libres pour l'ECD : KNIME, R, RapidMiner et Weka. Le choix de ces outils est basé sur le fait qu'ils sont disponibles en open source et qu'ils sont les plus utilisés par la communauté selon le dernier sondage de KDnuggets[5]. Une recherche Google confirme également que ces 4 outils sont populaires (principalement en raison de leur longue histoire de développement et de mise à niveau).

1.2.3.1. Weka

Weka (Waikato Environment for Knowledge Analysis)[6] est un espace de travail composé d'une collection d'algorithmes de data mining et d'outils de prétraitement et de visualisation (Witten et al., 2011), développé entièrement en Java à l'université de Waikato, Nouvelle-Zélande, et disponible sous la licence publique générale GNU (GPL). Weka dispose d'une interface graphique qui guide l'utilisateur à travers les différentes tâches d'exploration de données. Les algorithmes peuvent être appliqués directement à partir de cette interface graphique, comme ils peuvent être appelés comme API à partir d'un programme Java.

Weka contient des outils de prétraitement (surtout des filtres de transformation de données), un ensemble de méthodes pour réaliser les tâches standards de fouille de données

---

5. http://www.kdnuggets.com/polls/2011/tools-analytics-data-mining.html.
   Question du sondage : "Which data mining/analytic tools you used in the past 12 months for a real project?".
6. http://www.cs.waikato.ac.nz/ml/weka/

(classification, régression, clustering, extraction de règles d'association, et sélection d'attributs), et des outils de visualisation des données d'entrée et des patterns extraits.

1.2.3.2. R-project

R (R Project for Statistical Computing)[7] est un langage et un environnement logiciel libre permettant d'effectuer des calculs statistiques et d'en créer des graphiques. R est semblable au langage S et son environnement créé aux Laboratoires Bell par John Chambers et ses collègues (Becker et Chambers, 1984). R peut être considéré comme une autre implémentation de S. Il existe des différences importantes, mais beaucoup de code écrit pour S s'exécute sans modification sous R.

Malgré que l'on associe souvent R aux statisticiens, il convient en réalité très bien pour la fouille de données. En effet, R offre une grande variété de méthodes statistiques et de fouille de données : modélisation linéaire et non linéaire, tests statistiques, analyse de séries chronologiques, classification, clustering, analyse de dépendances, et techniques de visualisation graphique.

Parmi les atouts majeurs de R, on cite son extensibilité par des packages et programmes développés par la communauté, et la facilité avec laquelle on peut créer des graphiques bien conçus contenant des symboles mathématiques et des formules si besoin. Seul inconvénient, il fonctionne à l'aide d'un interpréteur de commandes, ce qui nécessite un peu de pratique pour en tirer véritablement parti.

1.2.3.3. RapidMiner

RapidMiner[8], successeur du logiciel YALE (Yet Another Learning Environment) (Mierswa et al., 2006), est incontestablement le leader des outils open source pour la fouille de données et l'analyse prédictive depuis 2010 (selon le sondage annuel réalisé par KDnuggets). RapidMiner dispose de plus que 1000 méthodes et techniques pour : la fouille de données (classification, clustering, associations ...), l'analyse prédictive, l'ETL, le reporting, la génération de tableaux de bord, la visualisation, l'évaluation et le déploiement. En particulier il intègre tous les algorithmes et techniques d'ECD disponible sous Weka et R.

RapidMiner dispose d'une interface graphique permettant de concevoir des analyses d'ECD sous forme de pipelines (appelée aussi arbre d'opérateurs). En plus de l'aspect visuel du

---

7. http://www.r-project.org/
8. http://rapid-i.com/content/view/181/190/

processus, un fichier XML est généré décrivant les étapes et opérateurs appliqués aux données. Les algorithmes de RapidMiner peuvent également être exécutés à partir de la ligne de commande ou à partir d'un programme comme API externe.

RapidMiner est développé en Java et distribué en open source sous licence GNU AGPL.

1.2.3.4. KNIME

Knime (Konstanz Information Miner)[9] est une plateforme open source d'intégration de données, de prétraitement, d'analyse et d'exploration de données, développé en Java à l'université de Konstanz. Il intègre différents composants pour l'ECD et dispose d'une interface graphique permettant de concevoir des processus d'ECD sous forme de pipeline.

Une des clés de succès de l'outil Knime est son approche modulaire de conception et gestion d'un plan d'exécution, qui consiste à documenter et enregistrer le processus d'analyse dans l'ordre où il a été conçu et mis en œuvre, tout en veillant à ce que les résultats intermédiaires sont toujours disponibles.

Knime offre aussi quelques fonctionnalités de reporting. Il intègre tous les modules d'analyse de Weka et permet de générer des scripts en langage R.

1.2.3.5. Analyse comparative

Pour chacun des quatre outils présentés ci-dessus, nous avons construit un processus d'ECD en utilisant le fameux jeu de données "iris" (Fisher, 1936), puis nous avons analysé l'ergonomie de l'outil, ses algorithmes, ainsi que les facilités offertes à l'utilisateur au cours des différentes étapes du processus d'ECD.

Les résultats du dernier sondage de KDnuggets révèlent que RapidMiner est l'outil d'ECD le plus utilisé par la communauté (27,7%) suivi de R (23,3%), Knime et Weka sont moins utilisés avec un pourcentage de 12,1% et 11,8%, respectivement.

La figure suivante résume le résultat de notre analyse comparative. Les outils sont comparés à base de 7 attributs : ergonomie, compréhension du domaine d'application, compréhension des données, prétraitement, fouille de données (modélisation), évaluation et documentation. Les notes sont attribuées sur une échelle de 0 à 10 en fonction des algorithmes et techniques de l'outil et des facilités offertes à l'utilisateur pour le choix et le paramétrage des opérateurs.

---

9. http://www.knime.org/

Chapitre 1 – Le processus d'ECD   23

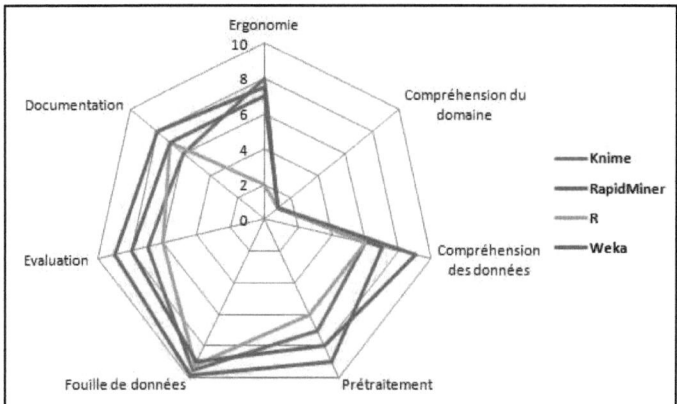

Figure 1.3. *Comparaison de 4 outils libre d'ECD*

Comme le montre la figure 1.3, on peut conclure que l'attention de la plupart des développeurs d'outils d'ECD est centrée sur la mise en œuvre d'algorithmes pour la préparation des données, la modélisation et de l'évaluation. L'utilisateur d'ECD n'est pas bien assisté pendant les premières étapes du processus (en particulier la compréhension du domaine d'application et la définition de la tâche d'ECD). Les outils présentés supposent que l'utilisateur a déjà recueilli toutes les données nécessaires, et tout ce qu'il a à faire c'est de paramétrer et exécuter des méthodes de data mining, sans aucune assistance et sans tirer profits d'expériences précédentes réussies d'ECD.

1.3. Modèles de processus, langages et standards pour l'ECD

1.3.1. Motivations

La motivation principale pour structurer formellement l'ECD en tant que processus résulte d'une observation des problèmes liés à une application aveugle des méthodes de data mining sur les données en main. Cette activité, critiquée avec raison par les statisticiens est appelée « data dredging », peut mener à la découverte de patterns inutiles (Fayyad et al., 1996a). Par conséquent, l'objectif principal pour définir et mettre en œuvre des modèles de processus pour l'ECD est d'assurer que le résultat final soit utile pour l'utilisateur (Fayyad et al., 1996c). D'ailleurs, c'est pourquoi dans la définition du processus (cf. paragraphe 1 de ce chapitre)

Chapitre 1 – Le processus d'ECD 24

l'accent est mis sur la *validité*, la *nouveauté*, l'*utilité* et la *compréhensibilité* des résultats de l'ECD. Seulement en utilisant des méthodes de développement bien définies et formelles que ces propriétés souhaitables puissent être réalisées avec succès.

Un autre facteur important, et qui est souvent sous-estimé par les chercheurs en ECD, consiste à supporter les acteurs multiples dans un processus d'ECD (problème de gestion). En effet, dans la plupart des cas, les projets d'analyse de données font intervenir plusieurs experts (experts de domaine, experts data mining, experts de bases de données …) qui travaillent ensemble, et donc exigent une collaboration et une planification minutieuses des tâches. Ceci suscite le besoin pour définir des modèles et des méthodologies pour le domaine de l'ECD. D'ailleurs d'autres disciplines d'ingénierie disposent déjà de modèles et méthodologie de développement utilisés depuis plusieurs années, et qui ont prouvé beaucoup de succès. Un bon exemple est l'ingénierie logicielle, qui est aussi une discipline dynamique et qui présente de nombreuses caractéristiques similaires à l'ECD. En génie logiciel les modèles en Cascade (Royce, 1970), en Spirale (Boehm, 1988), et dernièrement les méthodes Agile (Dingsøyr et al., 2010) sont adoptés et bien connus dans ce domaine. D'autres exemples sont les modèles proposés dans des domaines intimement liés à l'ECD, comme les statistiques (Hand, 1994) et l'apprentissage automatique (Brodley et Smyth, 1997).

Enfin, le besoin est largement ressenti par la communauté de l'ECD pour la standarisation du processus afin de fournir une vue unifiée sur les descriptions existantes du processus et permettre une utilisation appropriée des avancées techniques et méthodologiques dans la bonne conduite des projets d'analyse de données (Reinartz, 2002). Cette tendance peut être constatée en examinant le nombre de travaux de recherche sur ce sujet, et le soutien industriel pour de telles initiatives. C'est ce qu'on va présenter et synthétiser dans la suite de cette section.

1.3.2. Modèles de processus d'ECD

Un modèle de processus d'ECD consiste en un ensemble d'étapes de traitement à suivre par les praticiens lors de l'exécution d'un projet d'extraction de connaissances (Cios et al., 2007). Le modèle décrit les tâches et méthodes qui sont exécutées dans chacune de ses étapes. Il est principalement utilisé pour planifier, travailler à travers, et réduire le coût d'un projet d'exploration de données.

Chapitre 1 – Le processus d'ECD   **25**

Depuis les années 1990, plusieurs modèles de processus ont été développés. Les premiers efforts ont été menés par des chercheurs académiques, mais ils ont été rapidement suivis et soutenus par des acteurs industriels. La première structure de base du modèle de processus d'ECD a été proposée par Fayyad et al. (1996c). Depuis, plusieurs modèles ont été développés origines des deux domaines académique et industriel.

Un point commun entre les différents modèles proposés est qu'il représente le processus d'ECD comme un ensemble d'étapes qui sont exécutées en séquence (voir figure 1.4). Chaque étape est initiée après l'exécution réussie de l'étape précédente et nécessite son résultat comme entrée. Une autre caractéristique commune est l'éventail des activités couvertes par le processus, qui s'étend de la compréhension du domaine d'application et des données, passant par la préparation des données et la modélisation, jusqu'à l'évaluation et le déploiement des résultats. Tous les modèles proposés mettent l'accent également sur la nature itérative et interactive du processus, dans le sens où de nombreuses boucles et feedback sont nécessaires pour la révision du processus (les retours en pointillés sur la figure 1.4) (Cios et al., 2007).

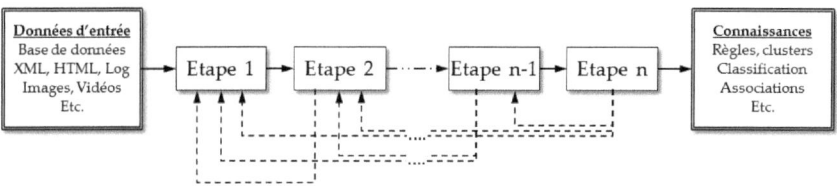

Figure 1.4. *Structure séquentielle et feedback dans un modèle de processus d'ECD*

Les principales différences entre les modèles présentés ci-dessous résident dans le nombre, la portée, et les tâches des étapes spécifiques à chaque modèle. Bien que les modèles insistent sur l'indépendance par rapport au domaine d'application, aux outils et aux fournisseurs de logiciels, ils peuvent être classés en deux catégories (académique et industriel) selon qu'ils prennent en compte les aspects industriels des projets d'ECD ou non. Par rapport aux projets académiques, les projets industriels d'ECD sont généralement intéressés par différents types de données et des scénarios d'application plus complexes.

Nous allons à présent présenter cinq modèles que nous jugeons fondamentaux et qui sont les plus cités dans la littérature du domaine de l'ECD.

1.3.2.1. Modèles d'origines recherche académique

Les efforts visant à établir un modèle du processus d'ECD ont été initiés au milieu des années 1990. Lorsque l'extraction de connaissances a émergé comme domaine à part entière, les chercheurs ont commencé à proposer des procédures multi-étapes pour guider les utilisateurs (novices et experts) dans les tâches complexes de l'ECD. Le souci majeur était donc de fournir une séquence d'activités (étapes) qui aideraient à exécuter un processus d'ECD quelque soit le domaine d'application.

En 1996, Fayyad et al., (1996c) ont proposé un modèle itératif et interactif à 9 étapes, devenu largement accepté par la communauté. Le processus est itératif, ce qui signifie que parfois il peut être nécessaire de refaire les pas précédents. Le problème de ce processus, comme pour les autres présentés ci-dessous, est le manque d'assistance de l'utilisateur, qui ne choisit pas à chaque étape la meilleure solution adaptée pour ses données.

Vu l'importance du modèle et sa popularité académique, ses étapes ont été présentées en détail dans le paragraphe 3.1 de ce chapitre.

Par la suite, Anand et Buchner ont développé un modèle à huit étapes (Anand et Buchner, 1998) qui a été appliqué pour résoudre les problèmes de ventes croisées et pour analyser les données de marketing sur Internet.

1.3.2.2. Modèles d'origines industriels

Les modèles d'origines industriels pour le processus d'ECD ont rapidement suivis et soutenus les efforts académiques. Plusieurs approches ont été entreprises, allant des modèles proposés par des chercheurs ayant une expérience industrielle riche aux modèles proposés par des consortiums industriels. Deux modèles industriels représentatifs sont : le modèle à cinq étapes développé par Cabena et al., (1998) avec le soutien d'IBM, et le modèle à six étapes CRISP-DM (Shearer, 2000) développé par un large consortium d'entreprises européennes. Ce dernier est devenu actuellement le modèle de référence pour le processus d'ECD. C'est pourquoi, nous allons le présenter en détail ci-après.

CRISP-DM (CRoss-Industry Standard Process for Data Mining) a d'abord été initié par un consortium de quatre sociétés : SPSS (un fournisseur de solutions commerciales de data mining), NCR (un fournisseur de base de données), Daimler Chrysler, et OHRA (une compagnie d'assurance). Les deux dernières sociétés ont servi comme sources de données et des études de cas. Le modèle a été officiellement publié (version 1.0) en 2000 (Shearer, 2000; Wirth et Hipp, 2000) et est devenu rapidement un standard de fait dans le domaine de l'ECD.

Comme représenté sur la figure 1.5, le modèle CRISP-DM consiste en six étapes. Chaque étape est composée d'un ensemble de tâches génériques, spécialisées par des tâches spécifiques.

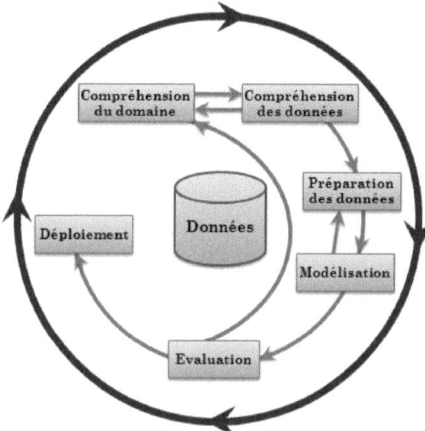

Figure 1.5. *Phase du processus d'ECD selon le modèle CRISP-DM*

1. *Compréhension du domaine analysé* : cette phase initiale porte essentiellement sur la compréhension des objectifs opérationnels du processus d'ECD (data mining project selon le vocabulaire CRISP-DM) et de ses exigences techniques et humaines. Les connaissances acquises durant cette étape permettent donc de définir les objectifs et un plan préliminaire pour accomplir ces objectifs. Dans cette étape l'intervention des experts du domaine d'application est une nécessité.

2. *Compréhension des données à analyser* : cette phase commence par la collecte des données initiales et continue avec des activités permettant de se familiariser avec ces données, d'identifier les problèmes de qualité des données, et de détecter des sous ensembles homogènes de données afin de formuler des hypothèses sur les patterns cachés.

3. *Préparation des données* : la phase de préparation des données couvre toutes les activités pour construire le jeu de données final (données qui seront introduites comme entrées aux outils de modélisation) à partir des données initiales collectées dans la phase précédente. Ces activités incluent : la sélection, le nettoyage, la transformation et l'agrégation des données, et sont susceptibles d'être exécutées plusieurs fois et dans un ordre quelconque.

4. *Modélisation* : dans cette phase, diverses techniques et méthodes de fouille sont choisies, paramétrées et appliquées aux données afin d'en extraire des modèles (patterns). En

générale, il existe plusieurs méthodes de fouille pour réaliser la même tâche d'ECD. Certaines méthodes ont des exigences particulières sur la nature des données (numériques, symboliques…). Par conséquent, des retours vers la phase de préparation des données sont souvent nécessaires. C'est ce qui est représenté par une boucle entre les deux phases sur la figure 1.5.

5. *Evaluation* : A ce stade du projet, des modèles qui semblent avoir de haute qualité d'un point de vue analyse de données sont découverts. Avant de procéder au déploiement final des modèles, il est important de les évaluer, de passer en revue les étapes exécutées pour les construire, et de vérifier s'ils réalisent bien les objectifs opérationnels du projet (ainsi retour sur le première étape s'avère utile). À la fin de cette phase, une décision sur l'utilisation des résultats d'extraction doit être conclue.

6. *Déploiement* : cette dernière phase consiste en la présentation des connaissances extraites dans une forme compréhensible par le client (l'utilisateur final), déploiement des modèles dans le système décisionnel de l'organisation, maintenance, et rédaction d'un rapport final du projet.

1.3.2.3. Modèles hybrides

Le succès des modèles académiques et industriels a conduit à l'élaboration de modèles hybrides (modèles qui combinent les aspects des deux domaines). Un exemple de tels modèles est le modèle à six étapes développé par Cios et al. (2000) (figure 1.6). Il a été développé en se basant sur CRISP-DM et en l'adoptant aux problématiques de la recherche académique. Les principales différences et extensions comprennent : description des 6 étapes d'ECD en insistant sur les problématiques de recherche, introduction d'une étape de fouille de données au lieu de modélisation (restriction), et détaillé explicite des boucles et feedbacks dans le processus.

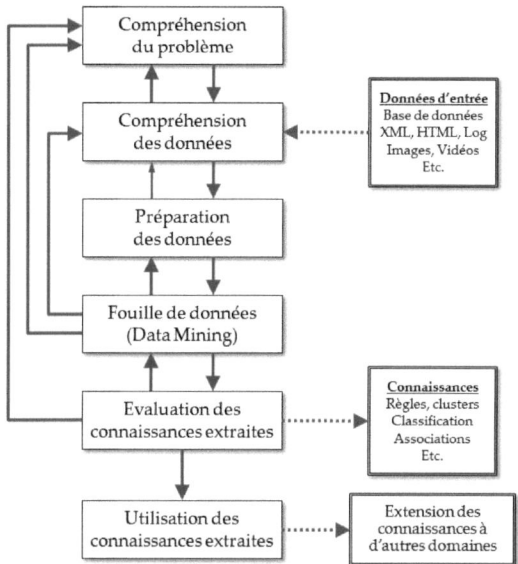

Figure 1.6. *Modèle du processus d'ECD proposé par Cios et al., 2000*

1.3.3. Analyse comparative des modèles de processus d'ECD

Pour mieux comprendre et interpréter les modèles de processus d'ECD décrits ci-dessus, une comparaison est dressée sur le tableau 1. Cette comparaison comprend des informations sur le domaine d'origine, le nombre d'étapes, une confrontation entre les étapes des modèles, ainsi que les avantages et les inconvénients de chaque modèle.

Tableau 1. *Comparaison des cinq principaux modèles de processus d'ECD (adapté d'une étude de Kurgan et Musilek, 2006)*

	Fayyad et al. (Fayyad et al., 1996c)	**Anand & Buchner** (Anand et Buchner, 1998)	**Cios et al.** (Cios et al., 2000)	**Cabena et al.** (Cabena et al., 1998)	**CRISP-DM** (Shearer, 2000)
Domaine d'origine	Académique	Académique	Hybride	Industrie	Industrie
Nombre d'étapes	9	8	6	5	6
Etapes du processus	1. Compréhension du domaine d'application	1. Identification des ressources humaines 2. Spécification du problème	1. Compréhension du domaine du problème	1. Détermination des objectifs opérationnels	1. Compréhension du domaine
	2. Création d'un jeu de données cibles	3. Prospection des données 4. Elicitation des connaissances de domaine	2. Compréhension des données		2. Compréhension des données
	3. Nettoyage des données et prétraitement 4. Réduction et projection des données	6. Prétraitement des données	3. Préparation des données	2. Préparation des données	3. Préparation des données
	5. Choix de la tâche de fouille 6. Choix des algorithmes de fouille de données	5. Identification d'une méthodologie			
	7. Fouille de données (DM)	7. Extraction des patterns	4. Fouille de données	3. Fouilles de données	4. Modélisation
	8. Interprétation des patterns extraits	8. Post-traitement des connaissances	5. Evaluation des connaissances extraites	4. Analyse des résultats	5. Evaluation
	9. Consolidation des connaissances extraites		6. Utilisation des connaissances extraites	5. Assimilation des connaissances	6. Déploiement

(Comparaison suite)

	Fayyad et al. (Fayyad et al., 1996c)	Anand & Buchner (Anand et Buchner, 1998)	Cios et al. (Cios et al., 2000)	Cabena et al. (Cabena et al., 1998)	CRISP-DM (Shearer, 2000)
Notes (Avantages et inconvénients)	- Le modèle le plus populaire et le plus cité. - Fournit des descriptions techniques détaillées en ce qui concerne l'analyse des données. - Mais lui manque les aspects pratiques et industriels. - Manque de détails et précision concernant les retours et feedbacks dans le processus.	- Fournit une description et ventilation détaillée des étapes initiales du processus. - Mais manque de détails concernant l'application des connaissances extraites et la documentation du projet.	- S'inspire des modèles académiques et industriels - Met l'accent sur l'aspect itératif du processus. - Identifie et décrit explicitement plusieurs boucles et feedback dans le processus.	- Premier modèle orienté industrie. - Simple à comprendre pour les non spécialistes. - Insiste sur la nature itérative du processus d'ECD, sans donner de détails.	- Conçu par des praticiens de l'ECD. - Basé sur expériences pratiques réelles de projet de fouille de donnée. - Vocabulaire facile à comprendre. - Bonne documentation. - Subdivise toutes les étapes en sous-étapes (tâches) avec les détails nécessaires pour chaque tâche. - Propose aussi une méthodologie pour le processus d'ECD (Chapman et al. 1999).
Logiciels Supportant le modèle	MineSet (Brunk et al, 1997) Un des premiers systèmes commerciaux de DM.	-	-	-	Clementine Logiciel commercial développé par SPSS, l'une des 3 entreprises initiatrices de CRISP-DM

Un autre aspect très important dans un processus d'ECD est le temps relatif consacré pour exécuter ou réaliser chacune des étapes du processus. L'évaluation à l'avance de l'effort relatif nécessaire pour chaque étape permet un ordonnancement précis et une meilleure affectation des ressources pour la bonne conduite d'un projet d'extraction de connaissances à partir de données. Plusieurs estimations ont été proposées par les chercheurs et les praticiens.

La figure 1.7 suivante présente une comparaison de quelques estimations pour 3 modèles de processus. Nous notons que les chiffres présentés ne sont que des estimations pour quantifier l'effort relatif, et que leur somme peut ne pas correspondre à 100%. Les efforts relatifs à une étape donnée dépendent de nombreux facteurs, tels que les connaissances apriori sur le domaine d'application, le niveau de compétence des ressources humaines et de la complexité du problème en question.

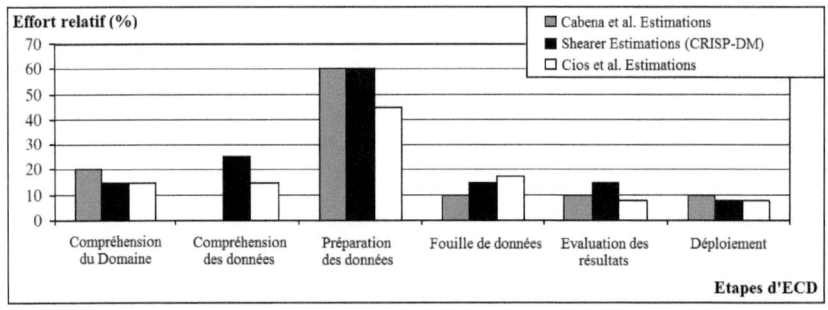

Figure 1.7. *Estimation de l'effort relatif maximum consacré à chacune des étapes d'ECD pour les trois modèles : CRISP-DM, Cabena et al., Cios et al. (source : Cios et al., 2007).*

1.3.4. Langages pour l'ECD

Pour des besoins d'interopérabilité et de facilité d'échange, aussi bien des données que des modèles, plusieurs langages ont été définis pour le processus d'ECD. Ces langages permettent de stocker et d'échanger non seulement des données, mais aussi et surtout, des connaissances exprimées en termes de modèles de données et de métadonnées décrivant les données et les connaissances de domaine utilisées dans le processus d'ECD.

Un des premiers langages utilisés dans des environnements d'ECD fut XML (eXtensible Markup Language), un standard proposé par le Consortium W3C[10]. XML permet aux utilisateurs de décrire et de stocker des données structurées ou semi-structurées et de les échanger d'une manière indépendante des plateformes et des outils utilisés. Du point de vue

---

10. http://www.w3.org/XML/

processus d'ECD, XML permet de mettre en œuvre et de standardiser la communication entre diverse systèmes d'ECD et sources de données.

Bien que l'utilisation de XML seul contribue à résoudre certains problèmes d'interopérabilité, des standards de métadonnées basés sur XML ont été développés pour fournir une solution complète dédiée à l'ECD. La plupart de ces standards, tels que PMML[11], KDDML[12] (Romei et al., 2006) et KDTML (Potena et al. 2005), ont été proposés pour permettre l'interopérabilité entre différents outils d'ECD et réaliser l'intégration avec d'autres applications, y compris les systèmes de gestion de bases de données et les systèmes d'aide à la décision.

PMML (Predictive Model Markup Language), un langage basé sur XML conçu par le Data Mining Group, est utilisé pour décrire des modèles (connaissances extraites) et de les partager entre des applications et des systèmes compatibles PMML. En utilisant un tel langage, les utilisateurs d'ECD peuvent générer des modèles sur une application, utiliser une autre application pour analyser ces modèles, encore une autre pour les évaluer, et enfin une autre pour les visualiser ou les exécuter. Un extrait PMML est illustré sur la figure 1.8 suivante.

```
<?xml version="1.0" encoding="UTF-8"?>
<PMML version="4.0" xmlns="http://www.dmg.org/PMML-4_0">
  ...
  <DataDictionary numberOfFields="5">
    <DataField name="sepal_length" optype="continuous" dataType="double">
      <Interval closure="closedClosed" leftMargin="4.3" rightMargin="7.9"/>
    </DataField>
    ....
    <DataField name="class" optype="categorical" dataType="string">
      <Value value="Iris-setosa"/>
      <Value value="Iris-versicolor"/>
      <Value value="Iris-virginica"/>
    </DataField>
  </DataDictionary>
  <ClusteringModel modelName="k-means" functionName="clustering" modelClass="centerBased" numberOfClusters="4">
    <MiningSchema>
      <MiningField name="sepal_length" invalidValueTreatment="asIs"/>
      <MiningField name="sepal_width" invalidValueTreatment="asIs"/>
      <MiningField name="petal_length" invalidValueTreatment="asIs"/>
      <MiningField name="petal_width" invalidValueTreatment="asIs"/>
    </MiningSchema>
    <ComparisonMeasure kind="distance"> <squaredEuclidean/> </ComparisonMeasure>
    <ClusteringField field="sepal_length" compareFunction="absDiff"/>
    <ClusteringField field="sepal_width" compareFunction="absDiff"/>
    <ClusteringField field="petal_length" compareFunction="absDiff"/>
    <ClusteringField field="petal_width" compareFunction="absDiff"/>
    <Cluster name="cluster_0" size="32">
      <Array n="4" type="real">6.9125000000000005 3.099999999999999 5.846874999999999 2.1312499999999996</Array>
    </Cluster>
    ....
  </ClusteringModel>
</PMML>
```

Figure 1.8. *Extrait d'un fichier PMML décrivant un modèle de Clustering généré sous l'outil KNIME sur le jeu de donné iris (Source : http://www.dmg.org)*

---

11. http://www.dmg.org/
12. http://kdd.di.unipi.it/kddml/

PMML, et plus généralement XML, peuvent être utilisés pour l'intégration des connaissances de domaine dans le processus d'ECD de la manière suivante (figure 1.9) :

Les informations recueillies pendant les deux phases de compréhension du domaine et des données à analyser peuvent être stockées sous forme de documents XML. Ces documents servent ensuite pendant les étapes de préparation des données de modélisation et d'évaluation des connaissances extraites comme une source d'information accessible automatiquement, sur toutes les plateformes et les outils d'ECD utilisés. En plus, les modèles générés dans l'étape de modélisation peuvent être stockés sous forme de documents PMML, qui sont ensuite échangés entre différents outils logiciels et partagés pour les différents utilisateurs du processus d'ECD.

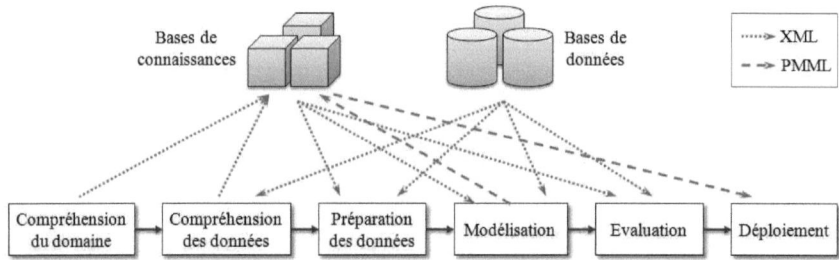

Figure 1.9. *Utilisation des langages PMML et XML dans un environnement d'ECD.*

Reste à souligner enfin que la plupart de ces langages et standards sont développés pour décrire formellement les données et les modèles dans le processus, mais pas encore pour donner une description formelle du processus d'ECD (en termes d'étapes et de décisions faites par les analystes dans chaque étape) et des connaissances de domaine mises en œuvre.

Dans la section suivante nous allons passer en revue quelques approches permettant de réduire ce gap en décrivant le processus d'ECD de l'intérieur et non seulement des extrémités (données et modèles). Ces approches ont pour objectif d'apporter une assistance méthodologique aux utilisateurs du processus reconnu complexe et non trivial.

1.4. Assistance des utilisateurs en ECD

Le processus d'extraction de connaissances est un processus itératif et interactif complexe dont l'élaboration dépend fortement du domaine analysé et des objectifs d'analyse. Face à

Chapitre 1 – Le processus d'ECD 35

cette complexité, un utilisateur analyste se trouve confronté à deux défis majeurs. D'une part, il doit manipuler des connaissances du domaine pour mieux comprendre les données à analyser et les objectifs opérationnels de l'analyse. D'autre part, il doit être capable de choisir, configurer, composer et exécuter des méthodes et outils provenant de divers domaines (statistiques, intelligence artificielle, apprentissage automatique, bases de données ...) pour atteindre ces objectifs.

Plusieurs travaux ont traité de la complexité du processus d'ECD avec différentes approches pour supporter les utilisateurs (novices et experts) d'ECD. La plupart de ces approches proposent à l'utilisateur d'explorer l'espace des plans d'exécution valides (Bernstein et al., 2005)(Diamantini et al., 2009), la découverte et l'accès aux services distribués de data mining (Euler, 2005)(Diamantini et al., 2009), la réutilisation des expériences de data mining réussies (Morik et al., 2004), etc. Sans prendre en compte l'aspect multi-vues d'une analyse d'ECD.

Dans cette section nous passons en revue quelques unes de ces approches, et nous en dressons enfin un tableau comparatif.

1.4.1. Annotation du processus d'ECD

1.4.1.1. L'approche Mining Mart

La compréhension du domaine d'application et le prétraitement des données à analyser constituent une phase préliminaire à toute analyse d'ECD. Or, durant un processus d'ECD, un temps considérable est consacré au prétraitement des données (adaptation des données aux algorithmes de fouille). Un temps qui varie en fonction du niveau d'expertise de l'analyste. En plus la phase de prétraitement est cruciale du fait que la pertinence des patterns extraits dépend de la qualité des données en entrées des algorithmes de fouille.

Partant de ces constats, les auteurs de l'approche Mining Mart[13] proposent d'assister les utilisateurs d'ECD à travers une *annotation* puis *publication* des meilleures pratiques de prétraitement de données. L'annotation dans ce contexte a pour objectifs de garder la trace d'exécution, de stocker et d'échanger des cas d'ECD réussis, puis de faciliter leur adaptation et réutilisation dans de nouveaux cas similaires. Pour cela, un méta-data modèle « déclaratif » appelé M4 est développé pour pouvoir définir et documenter toute la chaine de prétraitement de données (aussi bien les données manipulées que les opérations exécutées).

---

13. http://www-ai.cs.uni-dortmund.de/MMWEB/index.html

Le méta-modèle M4 (Morik et Scholz, 2004) est structuré suivant deux dimensions : implémentation et abstraction. La partie implémentation est composée d'un modèle de données et un modèle de cas. Le modèle de données représente et décrit les données à analyser. Le modèle de cas représente et décrit un cas comme une séquence d'opérations de prétraitement appliquées aux données. La partie abstraction est soit un modèle conceptuel ou un modèle relationnel. Le modèle conceptuel consiste en une ontologie de domaine alors que le modèle relationnel se réfère particulièrement aux cas de bases de données relationnelles. Enfin, les métadonnées générées conformes à M4 sont stockées dans une base de données relationnelle (figure 1.10).

Les modèles de cas opérationnels sont ensuite publiés sur une plateforme Web afin qu'ils soient publiquement accessible et réutilisables (Euler 2005). Ils sont aussi accessibles en édition à travers un outil logiciel *MiningMart System* développé dans le cadre du même projet.

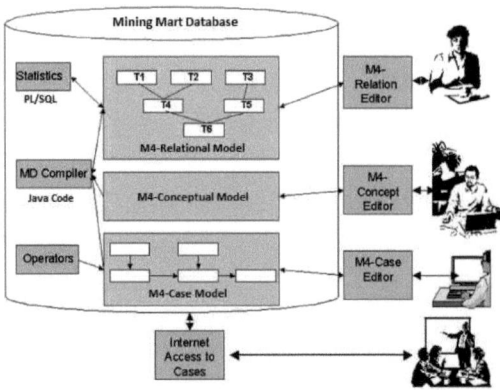

Figure 1.10. *Le méta-modèle M4 de l'approche Mining Mart et son utilisation*

Les limites de l'approche Mining Mart se résument dans le fait qu'elle concerne juste la phase de prétraitement, et que les annotations ne respectent pas les standards du Web Sémantique recommandés par le W3C (surtout le langage de description RDF). Ce qui fait que, en particulier, l'interopérabilité de l'outil Mining Mart avec d'autres outils logiciels d'ECD n'est pas assurée.

1.4.1.2. Annotation orientée points de vue du processus d'ECD

Le processus d'ECD est un processus complexe le plus souvent mené par plusieurs experts. Par conséquent plusieurs types de connaissances et de savoir faire sont mis en jeu. Pour appréhender la complexité du processus d'ECD et faciliter sa réutilisabilité son adaptabilité,

Chapitre 1 – Le processus d'ECD 37

Behja (Behja et al. 2005) propose une approche d'intégration des points de vue pour l'annotation du processus d'ECD. Cette approche consiste en la prise en compte des points de vue des analystes pour la définition d'un schéma de métadonnées afin de donner une description sémantique de tout le cycle d'extraction (données manipulées, méthodes exécutées et vues générées). Les annotations générées à base de ce schéma permettent ainsi d'orienter le processus et de garder une trace des différentes décisions prises par les analystes.

Les points de vue sont formalisés par deux types de connaissances : connaissances du domaine analysé et connaissances du domaine de l'analyste (figure 1.11). Les connaissances du domaine analysé dans le processus d'ECD peuvent concerner la sémantique des données manipulées (sous forme de métadonnées), le modèle conceptuel du domaine d'application, le contexte dans lequel les données ont été générées et le but du processus d'ECD. Les connaissances du domaine de l'analyste portent sur les tâches effectuées par l'analyste, le choix des méthodes et leur paramétrage, la composition des méthodes, etc (Behja, 2009).

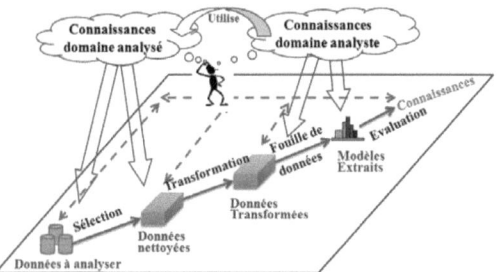

Figure 1.11. Interaction entre connaissances de domaine et processus d'ECD (Behja et al., 2010)

Le schéma de métadonnées proposé par Behja et al. ainsi que la plateforme objet développée à base de ces métadonnées seront détaillés d'avantage dans le chapitre 2 relatif à la représentation multi-points de vue des connaissances.

1.4.2. Construction automatique de plans d'exécution

1.4.2.1. Le prototype IDA

Le prototype IDA (Intelligent Discovery Assistant) (Bernstein et al., 2005) permet d'assister les utilisateurs d'ECD, qu'ils soient novices ou experts, pour exploiter l'espace des plans d'exécution valides dans un processus d'ECD. En effet, le processus d'ECD est composé de plusieurs étapes itératives, dans chaque étape il y a une multitude de choix de méthodes pour réaliser la même tâche, mais seules quelques combinaisons de ces méthodes sont valides. Une combinaison de méthodes est valide si elle ne viole pas les contraintes techniques de l'exécution d'une méthode (à savoir : les conditions sur les données d'entrées/sorties, la nature des attributs, les pré- et post-conditions de l'exécution de la méthode).

Ainsi les auteurs d'IDA proposent une énumération et classement systématiques des plans d'exécution valides qui répondent le mieux à la tâche de l'utilisateur. La figure 1.12 résume le type d'aide proposé par IDA :

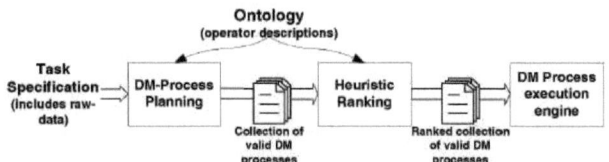

Figure 1.12. *Vue d'ensemble du prototype IDA*

Le système IDA démarre avec une spécification de la tâche de l'analyste : données analysées, métadonnées, objectifs de l'analyse et préférences de l'utilisateur. En se basant sur cette spécification, le système propose une énumération systématique des plans d'exécution valides. Puis un classement de ces plans d'exécution selon plusieurs critères (temps d'exécution, coût, nombre de méthodes sélectionnées ...).

Les algorithmes d'énumération et de classement des plans d'exécution se basent sur l'utilisation d'une ontologie des techniques d'ECD. Cette ontologie se présente comme une taxonomie décrivant les différentes techniques (opérateurs de prétraitement, de data mining et de post-traitement) et leurs propriétés.

On note enfin que le prototype IDA a donné naissance au projet e-LICO présenté dans la suite de cette section.

1.4.2.2. Le système KDDVM

KDDVM[14] (Knowledge Discovery in Databases Virtual Mart) (Diamantini et al., 2010) est un système à base de Web Services ayant pour objectif d'assister un utilisateur d'ECD pour la conception et la gestion de processus d'ECD. Il se présente comme un environnement ouvert, collaboratif et distribué où des « services d'ECD » (au sens Web Services) peuvent être annotés, publiés, consultés, composés et réutilisés.

---

14. http://kddvm.diiga.univpm.it/

Chapitre 1 – Le processus d'ECD 39

Un processus d'ECD est vu comme l'exécution successive d'algorithmes d'ECD implémentés par des outils logiciels et présentés sous forme de Web Services. L'annotation de ces services et leur publication permettent à un utilisateur d'ECD d'explorer l'espace des processus d'ECD valides en fonction des données à analyser et en fonction de l'objectif de l'analyse.

L'annotation d'un service d'ECD est faite selon trois niveaux d'abstraction :

Le niveau algorithme (fonctionnalités) : c'est le niveau le plus abstrait qui décrit le service d'ECD en termes de fonctionnalités offertes. Ce niveau est formalisé sous forme d'une ontologie KDDONTO (Diamantini et al. 2009) décrivant les algorithmes d'ECD, leurs interfaces et performances, les méthodes utilisées et les tâches réalisées. La figure 1.13 en présente les classes et relations de base.

L'ontologie KDDONTO est conçue pour supporter la découverte des services d'ECD et la composition automatique de plans d'exécution. Ceci est réalisé en utilisant une procédure d' « algorithme matching » (Diamantini et al. 2010) basée sur la compatibilité des interfaces des algorithmes décrits dans l'ontologie et des propriétés des données en à analyser.

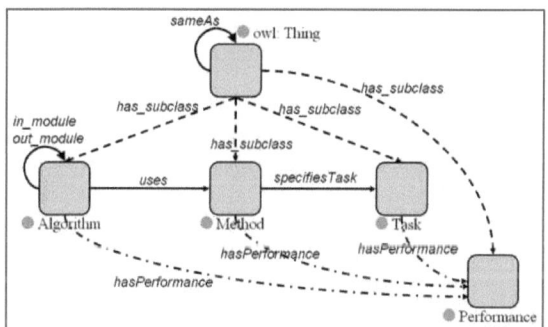

Figure 1.13. *Classes et relations de base de l'ontologie KDDONTO*

Niveau outil (implémentation) : offre une description des différentes implémentations des algorithmes d'ECD. En effet, le même algorithme peut avoir plusieurs implémentations sur des outils logiciels différents. La description est faite dans des documents KDTML (Potena et Diamantini, 2005), un langage à base de XML. Chaque outil est décrit par 5 sections : localisation et environnement d'exécution, entrées/sorties, algorithme, performance et publication.

Chapitre 1 – Le processus d'ECD   40

Niveau service (exécution) : offre une description des services d'ECD en tant que Web Services, c.-à-d. les informations concernant la découverte et l'exécution de chaque service. Les deux standards UDDI[15] et WSDL[16] sont utilisés pour ce niveau.

La figure suivante résume les spécifications générales de ces trois niveaux d'abstraction :

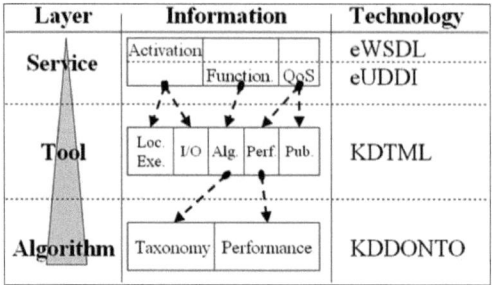

Figure 1.14. *Spécifications générales du système KDDVM*

Cependant, le système KDDVM présente certaines limites. En effet, le nombre de plans d'exécution générés pour l'utilisateur est important, et les critères de validité ne sont que syntaxiques (http://boole.diiga.univpm.it/KDDDesigner). En plus, les connaissances du domaine de l'analyste sont réduites à une description des algorithmes d'ECD, et les connaissances du domaine analysé ne sont pas prises en compte.

1.4.3. Construction collaborative de plans d'exécution : le projet e-LICO

Le projet e-LICO[17] (e-Laboratory for Interdisciplinary Collaborative Research in Data Mining and Data-Intensive Science) du programme EU-FP7[18] est un projet ayant pour objectif le développement d'une plateforme qui permet d'assister des utilisateurs « non experts » en ECD pour concevoir et appliquer des processus d'analyse de données complexes (plus précisément des données scientifiques massives, hétérogènes, et de grande dimensionnalité).

Méthodologiquement, le système proposé dans le cadre de ce projet (appelé e-lab) se base sur trois bases de connaissances et des algorithmes de construction et de classement systématique de plans d'exécution (appelés aussi workflows). La première base se présente comme une

---
15. http://www.oasis-open.org/committees/uddi-spec
16. http://www.w3.org/TR/wsdl20-primer/
17. http://www.e-lico.eu/
18. The Seventh Framework Programme : http://cordis.europa.eu/fp7/

ontologie des techniques de fouille de données (DM Ontology) interrogée lors du choix et optimisation des méthodes d'ECD (Hilario et al., 2011). La deuxième base (DM KBase) contient des plans d'exécution générés et classés automatiquement à partir des spécifications de la tâche d'analyse et des données analysées (Kietz et al., 2010). La troisième base contient des annotations des expériences réussies de fouille de données (DM Experiements Repository). Ces annotations concernent à la fois les données, les modèles et les plans d'exécution.

Conceptuellement le système e-LICO est architecturé en 3 niveaux (figure 1.15) :

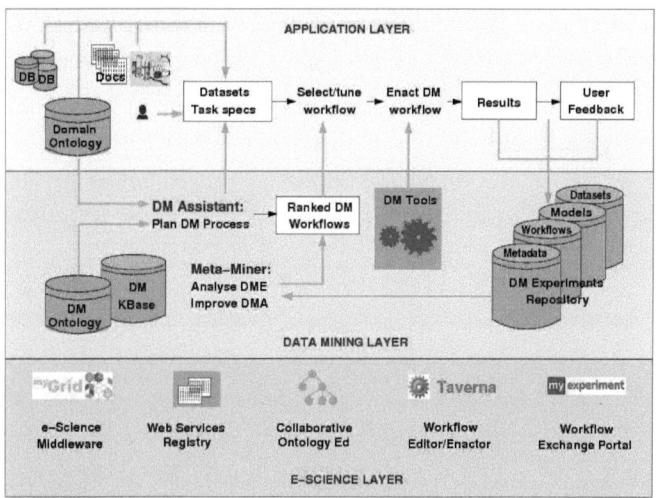

Figure 1.15. *Architecture et spécifications générales du système e-LICO*

Le niveau e-Science offre une infrastructure de services ouverts pour aider les chercheurs à collaborer, former des communautés, apprendre les uns des autres et partager leurs expériences sous forme de workflows et de modèles résultats.

Le niveau Data Mining constitue le cœur du système e-LICO. Il est composé d'un ensemble d'outils à base de connaissances permettant d'assister les utilisateurs dans la construction ou la réutilisation de processus d'ECD valides. Ce niveau se base essentiellement sur les idées développées dans le prototype IDA.

Le niveau Application offre des interfaces graphiques et des outils spécifiques en fonction du domaine d'application. Dans ce niveau l'utilisateur spécifie particulièrement les sources de données et les sources de connaissances du domaine analysé (principalement des ontologies de domaine).

Notons enfin que quelques outils du projet e-LICO sont intégrés comme plugins dans l'outil RapidMiner[19].

1.4.4. Analyse comparative

Dans cette section nous allons comparer les différentes approches présentées ci-dessus selon plusieurs critères : (1) le type d'assistance proposée aux utilisateurs du processus d'ECD, (2) les objectifs de chaque approche, (3) les étapes du processus d'ECD concernées, (4) les entrées sorties du système vis-à-vis de ses utilisateurs, (5) les algorithmes, heuristiques ou techniques proposés ou utilisés dans chaque approche (surtout pour le choix des méthodes d'ECD et la comparaison entre plans d'exécution), (6) le support du partage et réutilisation des connaissances (sur le processus d'ECD et les modèles qui en résultent), (7) l'intégration des connaissances du domaine analysé (noté I. CD analysé) et du domaine de l'analyste (noté I. CD analyste) sous forme d'ontologie, de métadonnées ou de modèles conceptuels, (8) et enfin la prise en compte de l'aspect multi-analyses et des points de vue des analystes.

Nous constatons que :

- La plupart des approches mise beaucoup sur l'automatisation de la construction de plans d'exécution valides et leur partage/réutilisation, soit à l'aide d'algorithmes de planification et de composition soit d'une manière collaborative. Certes, ces approches réussissent à énumérer des plans d'exécution valides au moins de point de vue syntaxique. Mais le nombre de processus générés est généralement grand que l'utilisateur du système se trouve dans l'embarras du choix du meilleur plan d'exécution qui satisfait ses objectifs.

- Le processus d'ECD est considéré dans ses trois grandes étapes (prétraitement, fouille de données et post-traitement), mais aucune approche n'implémente le modèle de référence CRISP-DM à six étapes avec la nature itérative et interactive du processus.

- Seule l'approche de Behja et al. supporte l'aspect multi-analyse et propose d'annoter et de garder la trace des décisions faites par les différents analystes en termes de leurs points de vue.

---

19. http://www.e-lico.eu/rapidminer-extensions.html

Tableau 2. Analyse comparative de différentes approches d'assistance des utilisateurs du processus d'ECD

Critères	Mining Mart	IDA	KDDVM	Annotation orientée points de vue du processus d'ECD	e-LICO
Type d'assistance	Réutilisation des meilleures pratiques de prétraitement de données.	Automatiser la construction de plans d'exécution valides.	Automatiser la construction de plans d'exécution valides.	Faciliter la réutilisabilité et l'adaptabilité du processus en termes de points de vue et vues.	Automatiser la construction de plans d'exécution valides.
Objectifs	- Annotation de la chaîne des opérations de prétraitement selon un méta-modèle. - Les modèles de cas opérationnels sont publiés en vue de leur adaptation/réutilisation.	- Enumération systématique de plans d'exécution valides - Classement automatique de ces plans d'exécution selon des critères d'exécution.	- Description des processus d'ECD sous forme de services web. - Guider l'utilisateur dans le choix et la composition des méthodes d'ECD afin de concevoir un plan d'exécution valide.	- Faciliter l'analyse et l'utilisation du processus d'ECD en termes de points de vue - Définition de format de métadonnées pour annoter le processus. - Plateforme objet qui supporte des analyses multi-vues.	- Développement d'un environnement de conception collaborative de plans d'exécution (workflows) d'analyse de données scientifiques complexes.
Etapes d'ECD concernées	Prétraitement	Prétraitement Fouille de données Post-traitement	Prétraitement Fouille de données Post-traitement	Prétraitement Fouille de données Post-traitement	Prétraitement Fouille de données Post-traitement
Entrées du système	Le modèle conceptuel de la base de données à analyser	Spécifications des données à analyser et de la tâche d'analyse	Données à analyser Tâche de l'analyste	Données à analyser Métadonnées (types d'attributs pour le point de vue)	Sources de données et sources de connaissances de domaine
Résultats du système	Exécution de cas similaires	Ensemble de plans d'exécution valides classés	Ensemble de plans d'exécution valides possibles sous forme de services réutilisables	Processus d'ECD et métadonnées des vues générées.	Ensemble de plans d'exécution valides classés
Algorithmes/ Heuristiques	Raisonnement à partir de cas (CBR)	AI planning techniques : pour le choix des méthodes d'ECD et le classement des plans d'exécution	Algorithm Matching : pour la composition d'algorithmes	-	AI planning techniques : pour le choix des méthodes d'ECD et le classement des plans d'exécution
Réutilisation	Oui (processus et modèles)	Non	Oui (processus et modèles)	Oui (processus et modèles)	Oui (processus, modèles et connaissances)
I. CD analyste	Non	Oui (DM Ontology)	Oui (KDDONTO)	Oui (OntoECD)	Oui (DM Ontology et KBase)
I. CD analysé	Oui	Non	Non	Oui	Oui
Multi-analyses et PdV	Non	Non	Non	Oui	Non

1.5. Synthèse

Malgré son développement rapide, le domaine de l'ECD est encore fertile et de nombreux défis restent à surmonter. Certes, beaucoup de succès ont été réalisés : définition détaillées des étapes du processus d'ECD, abondances des outils libres et commerciaux de fouille de données, émergence de quelques standards de fait (tel que CRISP-DM), application réussite du processus d'ECD dans plusieurs domaines d'applications (médecine, astronomie, biologie, analyse du panier de la ménagère, analyse des données du Web, e-commerce, etc.). Mais, d'autres questions sont encore posées telles que : comment apporter une assistance méthodologique et technique aux utilisateurs (novices ou experts) du processus d'ECD, voire comment automatiser l'exécution du processus d'ECD.

Chapitre 2

Point de vue en représentation des connaissances

Représenter consiste à construire une abstraction d'une réalité complexe et riche d'information. Cette abstraction dépend de la personne (expert) qui la réalise, de son domaine d'intérêt, de ses compétences, de ses connaissances préalables, voire de ses objectifs. Ainsi, lorsque plusieurs experts travaillent sur un même univers de connaissances, ils observent des éléments et des relations différents. Pour tenir compte de cette diversité de perceptions et d'opinions, plusieurs systèmes de représentation de connaissances intègrent la notion de point de vue afin de modéliser une même réalité selon des points de vue différents. La plupart de ces systèmes s'accordent sur le fait qu'un point de vue représente la perception particulière qu'a une personne sur un objet observé.

Le concept de point de vue a été utilisé avec des sens divers dans différents domaines de l'informatique comme les bases de données, la représentation des connaissances, l'analyse et conception, les outils de génie logiciel, les langages de programmation, le processus de développement logiciel, etc. La plupart des travaux ont utilisé le point de vue d'une manière indépendante, ce qui reflète la variété des appellations tels que : perspective, contexte, opinion, vue, et rôles.

Dans ce chapitre nous proposons un état de l'art sur les systèmes qui ont intégré la notion de point de vue, surtout pour une représentation des connaissances multi-points de vue (Charrel et al, 1996). Les travaux abordés ne sont pas exhaustifs. En effet, nous allons centrer notre discussion sur la modélisation et la formalisation des connaissances dans un contexte de multi-experts.

2.1. La notion de point de vue et représentation multi-vues

2.1.1. Différentes définitions de la notion de point de vue

La notion de point de vue a été utilisée avec des sens divers dans différents domaines de l'informatique et parfois avec des appellations différentes : perspective, contexte, opinion, vue etc. Cette diversité de sens reflète un flou constant dans la définition de ce qui est pris en compte et de ce qui est généré lors de la définition d'un point de vue. Dans cette section nous allons confronter quelques définitions de la notion de point de vue afin de dégager une vision panoramique de l'utilisation de cette notion surtout pour la représentation des connaissances.

Une des premières références au terme point de vue se trouve dans les travaux de Minsky (1975), qui a introduit le concept de perspective (synonyme de point de vue) avec une interprétation spatiale du terme. Les points de vue (perspectives) correspondent alors aux différentes perceptions d'un même objet par différents observateurs en fonction de leurs placements spatiaux. Ces observateurs regardent tous les mêmes attributs de l'objet, mais chacun peut les voir avec des valeurs différentes selon son propre point de vue. L'intérêt de cette interprétation spatiale du point de vue vient du fait que Minsky s'intéressait à la représentation des connaissances dans un système de vision par ordinateur (Minsky, 1975).

Dans les approches de représentations des connaissances orientées objet, la plupart des auteurs assimilent la notion de point de vue à celle de perspective proposée par Minsky en considérant un aspect plutôt cognitif que spatial du placement de l'observateur. Il s'agit d'une position conceptuelle par rapport à un objet, cette position servant à en donner une description particulière. Ainsi dans le modèle TROPES (Marino, 1993), le point de vue est défini explicitement comme « *une position conceptuelle de laquelle un observateur [expert] regarde un objet [une base de connaissance]* ». Par opposition à l'approche précédente, les observateurs regardant un même objet peuvent voir des attributs différents, selon leurs perspectives d'intérêts; pour un attribut commun ils vont tous voir la même valeur. Dans ce contexte le monde est unique et les agents le perçoivent de façons complémentaires. Les vues générées par les différents points de vue sont des visions partielles mais complémentaires du monde réel.

Dans le même sens on retrouve la proposition de Marcaillou (1995) dans le cadre du projet VBOOL. Les points de vue et les vues sont définis ainsi : « *une vue est une abstraction partielle du modèle [d'un système complexe] et correspond donc à un sous modèle [sous système]* » ; « *un point de vue est la vision qu'a un utilisateur [selon ses besoins] du modèle et correspond à la combinaison de plusieurs vues, éventuellement réduite à une seule vue* ». Le point de vue est bien une perspective, mais il est considéré comme un mécanisme permettant à plusieurs utilisateurs partageant un modèle commun d'accéder à un sous ensemble d'informations du modèle selon leurs besoins.

La différence entre les définitions des deux dernières approches réside dans la relation entre le point de vue et la vue. Dans le cas de TROPES (et travaux similaires), un point de vue génère une vue. Dans le cas de Marcaillou la composition d'une ou plusieurs vue prédéfinies génères un point de vue. Notons enfin que dans le profil VUML proposé par Nassar (2005), faisant suite aux travaux sur VBOOL, « *un point de vue est une vision d'un acteur sur le système (ou sur une partie de ce système), alors que une vue correspond à l'application d'un point de vue à une entité donnée* ».

Dans le domaine des bases de données (Abiteboul et al., 1991 ; Debrauwer, 1998), la notion de vue corresponde aussi à cette approche de perspective, car les vues sont des visions partielles d'une base de données unique. Elles sont exploitées dans les langages d'interrogation comme des fonctions de sélection sur les données.

Les travaux sur la représentation des connaissances orientée objet ont fourni une base de réflexion à d'autres projets. C'est le cas notamment des travaux de Ribière (Ribière, 1999 ; Ribière et Dieng-Kuntz, 2002) dans lesquels elle a introduit une autre dimension de la notion de point de vue appelée « *opinion* ». L'opinion par comparaison avec la perspective fait appel à bien plus qu'un placement conceptuel, il s'agit d'un avis donné ou d'une évaluation sur un objet. L'opinion d'un expert prend en compte son expérience, ses connaissances et sa situation (tâche, rôle) lors de la définition du point de vue. Contrairement à la notion de perspective où les vues générées sont *consensuelles*, l'opinion peut générer des vues qui sont *conflictuelles*.

Ainsi dans sa définition de la notion de point de vue, Ribière distingue deux types de points de vue : « *les points de vue définissant des vues perspectives qui indexent des descriptions consensuelles d'un même objet par différents experts. Ces vues sont complémentaires et forment une vision cohérente du monde* » ; « *les points de vue définissant des vues opinions qui indexent des vues non consensuelles relatant chacune une approche particulière d'un expert. Ces vues représentent indépendamment les unes des autres des visions incomplètes du monde et peuvent collectivement être inconsistantes* ». Concernant cette approche, on note donc qu'un point de vue génère une vue perspective ou opinion.

Dans le domaine du web sémantique, plus particulièrement les ontologies, la notion du point de vue a été introduite par Falquet et al. (Falquet et Mottaz, 2001 ; 2002). Pour Falquet, « *un point de vue est plutôt lié à un type de personne (métier, âge, niveau de formation, etc.) ou d'utilisation (une même personne pourra avoir un point de vue différent en fonction de la tâche qu'elle cherche à accomplir)* ». Ainsi plusieurs types de *types de relations* entre points de vue / vues sont envisagées :

Points de vue par niveau : selon le niveau de connaissance ou de formation par rapport à un domaine, on peut être plus ou moins sensible à certains détails. On peut donc avoir plusieurs hiérarchies de concepts [classes] avec une forme similaire, mais avec plus ou moins de niveaux. Autrement dit, plus on a des connaissances sur le domaine, plus on va voir les niveaux profonds dans la hiérarchie.

Points de vue comme vues partielles : dans ce cas chaque type d'utilisateur va s'intéresser à un ensemble restreint de caractéristiques des concepts. Ce type de points de vue peut être envisagé comme une projection d'un espace vers un espace de plus petite dimension. Il est en quelque sorte similaire aux perspectives du modèle TROPES.

Points de vue avec chevauchement : dans certaines situations, des personnes travaillant dans des domaines voisins peuvent avoir des points de vue qui se recoupent. Donc on peut supposer qu'une partie des définitions des concepts sera identique, alors que certains autres concepts seront définis différemment (on peut aussi penser qu'une partie des concepts n'existeront que dans l'un ou l'autre des points de vue).

Points de vue avec ordres de classification différents : c'est le cas où deux points de vue sur un domaine contiennent exactement les mêmes concepts, avec les mêmes définitions, mais l'ordre de classification est différent. Dans ce cas les vues générées diffèrent non pas sur la perception des concepts, mais plutôt sur les relations entre ces concepts.

On constate donc que les points de vue de Falquet supportent la notion de perspective avec une vision plus souple des critères définissant la perception d'un utilisateur (niveau de connaissance, vision partielle, chevauchement, classification). Mais elles ne supportent pas l'aspect conflictuel des vues générées (les vues opinion).

Dans le même domaine des ontologies, on retrouve la notion de « contexte » très proche de la notion de point de vue (Bouquet et al., 2004 ; D'Aquin, 2005 ; Bach, 2006). Selon Bach, un point de vue d'une personne [expert] correspond à « *un contexte ou une situation, où des connaissances à propos d'un objet, d'un concept ou d'une entité sont exprimées et*

Chapitre 2 – Représentations multi-points de vue 49

considérées comme valides et vraies selon ce point de vue [ça veux dire dans un contexte donné] ». De ce fait, le point de vue donne accès un sous-ensemble d'informations ou de connaissances pertinentes, mais permet aussi une interprétation contextuelle des éléments de connaissances.

Dans le domaine de l'extraction de connaissances à partir de données, la notion de point de vue a été introduite par Behja et al. (Behja et al., 2005 ; Behja 2009) principalement pour l'annotation du processus d'ECD en termes de point de vue de l'analyste. Ainsi, Behja défini une activité d'analyse d'ECD guidée par un point de vue comme « *un processus de génération, transformation et enrichissement de vues* ». Ça veut dire qu'un point de vue génère plusieurs vues obtenues par une succession de transformations réalisées lors des étapes du processus d'ECD.

Pour résumer, à travers ces différentes définitions, nous retenons les propriétés principales suivantes de la notion de point de vue : (1) la propriété de filtrage, de sélection ou d'accessibilité : un certain nombre de caractéristiques de l'objet sont accessibles selon un point de vue ; (2) la propriété de l'avis de l'expert : les énoncés d'un expert à propos des caractéristiques de l'objet (ou sur une base de connaissances) sont considérées valides selon son point de vue ; (3) la propriété de la représentation : cette propriété est une combinaison des deux propriétés précédentes, en effet le filtrage des propriétés d'un objet et l'avis sur cet objet génèrent une représentation de l'objet dans le monde réel selon un point de vue donné.

2.2. Représentation multi-points de vue des connaissances

2.2.1. Représentation des connaissances par objets

Depuis les années 70, plusieurs systèmes dédiés à la représentation orientée objets des connaissances ont été proposés en intégrant explicitement la notion de point de vue. La plupart de ces systèmes de représentation par objets repose principalement sur deux notions : (1) La notion de classe qui représente un ensemble d'objets dans le monde réel ayant des caractéristiques communes. Les classes sont organisées en une hiérarchie avec des relations de subsomption entre elles. (2) La notion d'héritage : les objets instances d'une classe héritent de toutes les propriétés (attributs) de cette classe ; et dans une hiérarchie de classes, les sous-classes héritent de toutes les propriétés des super-classes.

La notion de point de vue (souvent appelé perspective) est intégrée dans ces systèmes sous forme de multi-héritage : un objet (instance) est associé à (hérite de) plusieurs classes selon différents points de vue. Ceci constitue la principale faiblesse de ces approches, vu les problèmes inhérents à l'héritage multiple.

KRL (Knowledge Representation Language) (Bobrow et Winograd, 1977) fut le premier système dédié à la représentation multi-points de vue des connaissances. Il permet de représenter les différents points de vue au niveau des instances. Une instance est liée à sa classe de base et à ses points de vue (appelés perspectives). L'extension de KRL pour la linguistique a donné OWL II (Martin, 1979), et son extension pour le développement de programme a donné PIE (Personal Information Environment) (Goldstein et Bobrow, 1980). LOOPS (Bobrow et Stefik, 1982 ; Stefik et Bobrow, 1985) constitue une amélioration de KRL, en considérant des objets composites dont les composants sont les différents points de vue sur l'objet en question. Par la suite il y avait VIEWS (Davis, 1987), ROME (Carré et al., 1990), son extension pour le langage de Frames FROME (Dekker, 1994), SHOOD (Nguyen et al., 1992), et TROPES (Marino, 1993) qui peuvent être considérés comme la deuxième génération de systèmes de représentation multi-points de vue (Ribière, 1999). En plus des entités classiques (classe, instance, attribut), ces systèmes intègrent des entités supplémentaires. Enfin VBOOL (Marcaillou, 1995) et VUML (Nassar, 2004) qui ont été développés dans le but de la modélisation des systèmes complexes.

Dans ce qui suit nous allons nous focaliser sur une approche par génération (à savoir KRL, TROPES et VBOOL). Le lecteur intéressé peut se référer à (Marino, 1993 ; Marcaillou, 1995) qui ont décrit en détail les différentes approches de la représentation des connaissances orientée objets.

2.2.1.1. Le langage KRL

Le langage KRL a été développé comme un outil de construction de systèmes pour la compréhension du langage naturel (Bobrow et Winograd, 1977). Il repose sur un modèle mixte qui inclut de la connaissance procédurale et une base déclarative structurée. La notion de point de vue est prise en compte dans la partie déclarative des unités de KRL, où chaque point de vue est représenté dans un objet séparé, appelé perspective, de sorte que l'objet tout entier apparaisse comme une agrégation de toutes ses perspectives.

La connaissance est organisée autour d'un ensemble d'unités conceptuelles avec des descriptions et des procédures associées. Une description est en mesure de représenter une

Chapitre 2 – Représentations multi-points de vue 51

connaissance partielle d'une entité, et contient une liste de descripteurs capables de décrire l'entité associée selon différents points de vue. Chaque descripteur est une caractérisation indépendante de l'entité associée.

Dans KRL il y a sept types différents d'unités : *Basic, Specialization, Individuals, Abstract, Manifestation, Relation* et *Proposition*. Les trois premières permettent le traitement des perspectives. En effet, un objet (individu) peut être défini par plusieurs perspectives qui correspondent à autant de points de vue selon lesquels il peut être considéré. KRL les modélise avec le descripteur *perspective*. Un individu a une première perspective qui est la classe la plus générale à laquelle il appartient (une unité de type Basic), et il peut avoir d'autres perspectives parmi les unités de spécialisation de sa classe de base.

Par exemple sur la figure 2.1 : l'unité individuelle « UML » est un cours instance de la classe de base « Course ». Il est décrit selon la perspective « Online » par une url « foad.ensam-umi.ac.ma » et selon la perspective « Computer Science » par une catégorie « Software Engineering ».

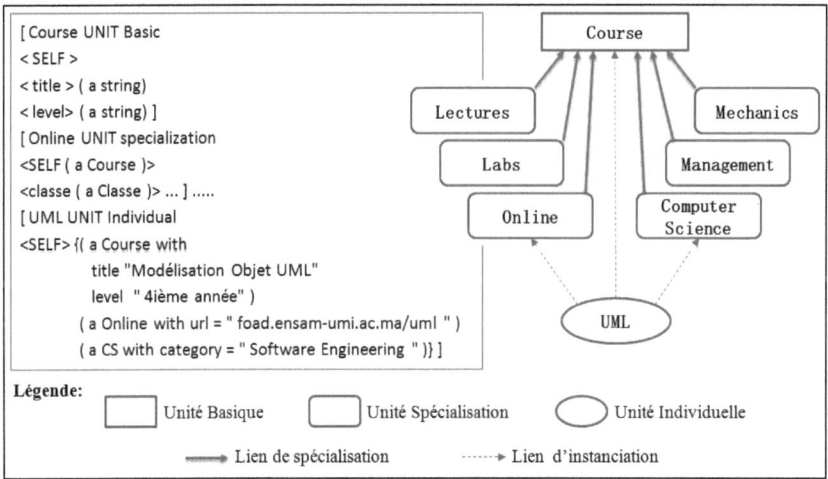

Figure 2.1. *Exemple de perspectives dans KRL : un individu est instance d'une classe de base et de plusieurs perspectives qui lui donnent chacune une description particulière.*

2.2.1.2. Le modèle TROPES

TROPES est un modèle multi-points de vue de représentation des connaissances par objets (Marino, 1993). L'idée de ce modèle est qu'en plus des entités classiques de la modélisation par objets (à savoir : classe, instance, attributs et facettes), les auteurs ont introduit deux entités descriptives supplémentaires : le *concept* et le *point de vue*.

La connaissance est organisée sous forme d'un ensemble de concepts. Chaque concept, qui correspond à un ensemble d'individus (objets), est associé à un ou plusieurs points de vue (qui sont les perspectives d'observation). De plus, les concepts sont considérés disjoints au sens où un individu ne peut pas appartenir à plus qu'un concept. Les points de vue d'un concept permettent donc d'attacher à chaque instance du concept des considérations différentes. La consultation d'une instance dans un point de vue particulier permet d'obtenir les informations particulières à ce point de vue.

La combinaison d'un concept et un point de vue donne lieu à une hiérarchie de spécialisation de classes qui sont définies selon le point de vue et à propos du concept en question. La racine de la hiérarchie est une classe qui représente toutes les instances du concept selon le point de vue. De plus, au sein d'une hiérarchie, il n'y a pas d'héritage multiple, et une instance est associée à une seule classe. Par contre un objet (instance) peut instancier plusieurs classes de différents points de vue (multi représentation : même concept mais plusieurs perspectives).

Les points de vue d'un concept peuvent être connectés par des liens appelés *passerelles*. Cela permet d'exprimer des relations ensemblistes entre des ensembles d'instances possibles des classes de points de vue différents. Les passerelles sont utiles dans le sens où elles permettent de propager entre les différents points de vue des informations de classification des instances (appartenance d'une instance à une classe selon un point de vue). Ce qui permet par conséquent d'effectuer des raisonnements entre des points de vue tels que la vérification de la cohérence (une instance définie dans un point de vue doit satisfaire toutes les contraintes de ce point de vue, et aussi celles définies dans un autre point de vue si ces deux points de vue sont connectés par une passerelle). La figure 2.2 résume les entités du modèle TROPES ainsi que son principe de représentation multi-points de vue.

Il est à noter que la notion de point de vue dans le modèle TROPES joue le rôle d'un filtre permettant à un ensemble d'experts, qui partage la même base de connaissance, d'accéder chacun à un sous ensemble d'attributs dits visibles ou pertinents d'un concept.

Enfin TROPES permet la représentation multiple d'un objet selon un nombre fixe de points de vue. En effet les points de vue possibles sont fixés dans le modèle et il n'y a pas possibilité d'exprimer le point de vue d'un nouvel utilisateur selon son profil. Ceci peut s'expliquer par le fait que TROPES est dédié à des mécanismes de classification automatique d'instance.

Chapitre 2 – Représentations multi-points de vue   53

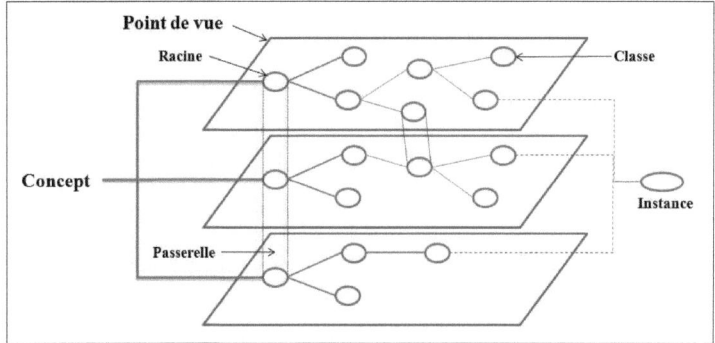

Figure 2.2. *Principe et entités du modèle TROPES*

2.2.1.3. Du langage VBOOL au profil VUML

VBOOL (View Based Object Oriented Language) (Marcaillou, 1995) est une extension du langage à objet Eiffel (Meyer, 1992) avec intégration de la notion de point de vue. Ce langage a été développé pour satisfaire les besoins de modélisation de systèmes complexes dans un contexte de génie logiciel. Un système complexe est un système comportant un grand nombre de composants hétérogènes mais contenant des informations fonctionnellement liées. Il existe donc dans ces systèmes des problèmes de cohérence et de redondance des modèles partiels du même système. L'approche proposée par Marcaillou consiste en l'élaboration d'un modèle unique (mono-modèle) partageable et accessible suivant plusieurs points de vue.

L'intégration du point de vue dans VBOOL est basée sur la définition d'une nouvelle relation appelée *lien de visibilité* et d'une nouvelle classe appelée *classe flexible* (figure 2.3) :

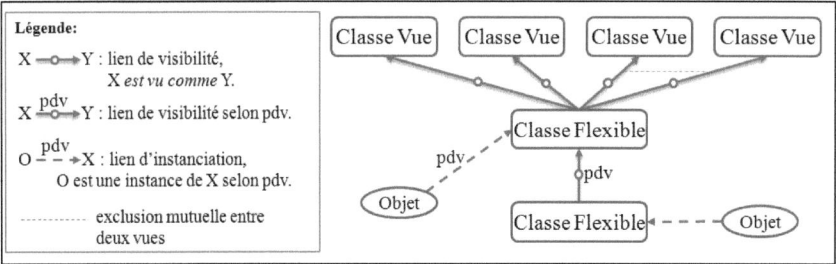

Figure 2.3. *Principe et entités du modèle VBOOL*

Une classe flexible est une classe dans laquelle on déclare un ensemble de vues qui se manifestent comme des abstractions partielles du modèle globale. Un lien de visibilité est une sorte d'héritage ayant la sémantique « *est vu comme* ». Cette relation joue le rôle d'un filtre en les classes. En effet, elle permet à une classe flexible de bénéficier de toute l'information contenue dans ses vues et de la filtrer en fonction de l'utilisation qui en est faite, c'est-à-dire que la classe flexible permet de créer plusieurs objets correspondant à des points de vue différents. De ce fait, un point de vue est considéré comme une agrégation d'un ensemble de vues sélectionnées (figure 2.3).

Dans VBOOL, les vues sont donc des perspectives prédéfinies sur un objet. Et la relation de visibilité permet une souplesse et une évolutivité dans la définition du point de vue d'un utilisateur. Il s'agit de fournir à chaque utilisateur les informations pertinentes (les vues) pour son activité, ce qui n'est pas le cas dans le système TROPES où les points de vue sont prédéfinis et fixes.

Pourtant, cette approche de définition des vues avant l'identification des points de vue présente deux limites : (1) la subjectivité dans la définition des vues et la complexité du processus de leur identification ; (2) la multitude des combinaisons de vues possibles lors de la définition des points de vue (Nassar, 2004).

Le langage VBOOL a suscité, par la suite, une grande réflexion au niveau de la modélisation objet dans le cadre du projet VBOOM (Kriouile, 1995), réflexion qui a notamment abouti à une nouvelle approche d'analyse/conception multi-vues, appelée VUML (View based Unified Modeling Language) (Nassar, 2004), dont le noyau est un profil UML et qui supporte la construction de composants de conception multi-vues.

L'idée de Nassar est d'étendre le méta-modèle UML afin d'y intégrer les points de vue des acteurs et de les conserver jusqu'aux diagrammes de classes. Ceci est réalisé en rajoutant le concept de *classe multivues*. Une classe multivues est une unité d'abstraction et d'encapsulation qui permet de stocker et de restituer l'information en fonction du profil de l'utilisateur (donc là aussi, la classe multivues joue le rôle d'un filtre). Elle est composée d'une classe de base (partie commune accessible par tous les acteurs de la classe multivues) et d'un ensemble de vues spécifiques représentant les besoins et les droits d'accès des acteurs et reliées à la base par une relation d'extension (figure 2.4). Chaque vue correspond à un seul acteur.

Chapitre 2 – Représentations multi-points de vue 55

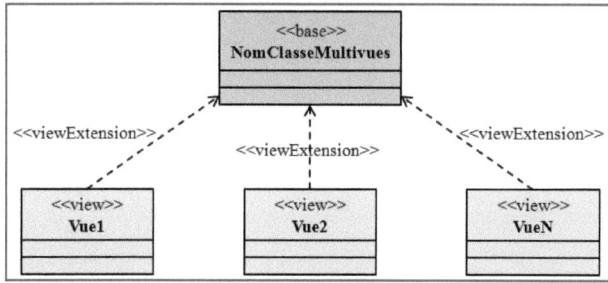

Figure 2.4. *Structure statique d'une classe multivues (Nassar, 2004)*

Une classe multivues peut être instanciée par un objet multivues dont une vue à la fois est active et correspond à un point de vue, qui est le point de vue de l'utilisateur courant du système. Cette manière de définition des vues/points de vue offre plus de souplesse dans le changement dynamique de point de vue et dans la gestion de la cohérence entre les vues dépendantes.

2.2.2. Représentation des connaissances par graphes

2.2.2.1. Modèles C-VISTA et CG-VISTA

Développés dans le cadre du projet ACACIA[20] à l'INRIA Sofia-Antipolis, C-VISTA et CG-VISTA (Ribière, 1999 ; Ribière et Dieng-Kuntz, 2002) sont deux modèles pour la représentation de multiples points de vue dans le formalisme des graphes conceptuels (Sowa, 1984). L'objectif est principalement d'outiller la capitalisation de connaissances et la mémoire d'entreprise par des modèles permettant l'acquisition et la représentation des connaissances dans un cadre de multi-expertise.

Le premier modèle C-VISTA concerne le niveau terminologique dans une base de connaissances. Il permet d'identifier et d'indexer les différences terminologiques des experts et propose des liens pour relier les terminologies entre elles. Il permet aussi la multi-représentation des concepts du domaine selon les différents points de vue des experts. Le deuxième modèle CG-VISTA concerne le niveau assertionnel. Il permet d'indexer par des points de vue et de faire cohabiter les différentes analyses ou descriptions des experts (les assertions) d'un même objet, tout en fournissant à travers la définition de chaque point de vue le moyen d'interpréter de façon pertinente les connaissances formalisées. Il permet également de filtrer l'accès à la base de connaissances selon le profil utilisateur (point de vue utilisateur).

---

20. Le projet porte actuellement le nom EDELWEISS. http://www-sop.inria.fr/edelweiss/

Chapitre 2 – Représentations multi-points de vue 56

Le modèle C-VISTA fait la séparation entre le point de vue « perspective », lié au métier de l'expert, et le point de vue « opinion », lié à sa propre expertise. Ainsi, dans sa caractérisation du point de vue (à l'aide de *patron de point de vue*), Ribière distingue deux éléments importants (figure 2.5) : (1) le focus (point de focalisation) qui découle du contexte de travail de l'expert et de son objectif. Plusieurs experts peuvent partager le même focus. (2) L'angle de vue, au contraire, est propre à chaque expert, et représente ses capacités et compétences.

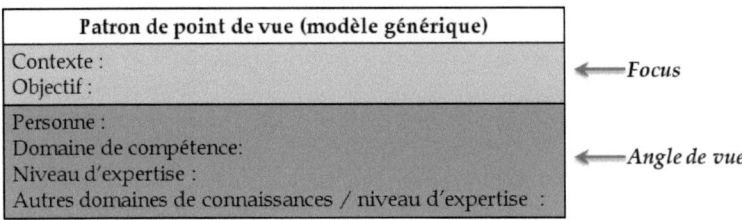

Figure 2.5. *Exemple de modèle générique de définition d'un point de vue*

Dans le formalisme des graphes conceptuels (GC) proposé par Sowa on distingue des éléments de base tels que les *concepts*, les *relations*, les *types de concept*, et les types de relation. Les types de concept sont organisés dans une structure de treillis (une sorte de taxonomie) avec des liens de sous-typage. Le principe de C-VISTA est d'indexer certains sous-type de types de concepts par des points de vue exprimant un sous-typage particulier et contenant le focus et l'angle de vue pour permettre l'interprétation la plus juste de la définition de concept et aussi sa réutilisation. Ceci est réalisé par une nouvelle *relation de sous typage point de vue* (figure 2.6). Ce principe est un peu proche du langage VBOOL qui défini un lien de visibilité entre classes. Et comme le modèle de TROPES, ce modèle permet d'avoir des passerelles entre des concepts définis selon des points de vue différents.

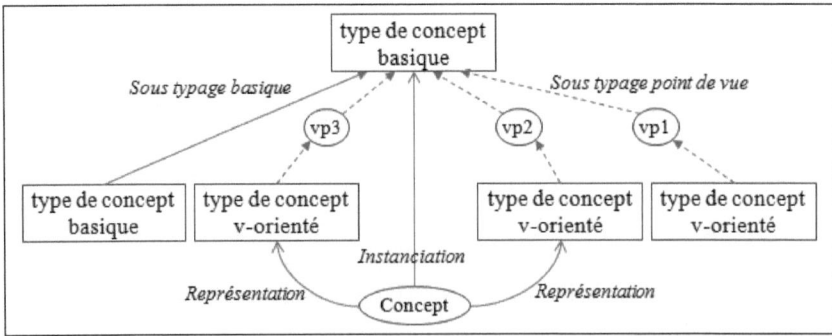

Figure 2.6. *C-VISTA : représentation multi-points de vue de concepts*

2.2.3. Ontologies multi-points de vue

Les ontologies constituent l'un des formalismes essentiels et les plus récents de la représentation et la gestion des connaissances. Elles sont utilisées essentiellement pour la capitalisation, la diffusion, le partage et la réutilisation des connaissances.

Une ontologie représentant les connaissances d'un domaine donnée est constituée d'un ensemble de concepts (les classes) et leurs définitions, des termes qui sont utilisés pour désigner ces concepts, et d'un ensemble de liens (les relations) explicites ou implicites qui permettent de positionner les concepts les uns par rapport aux autres.

La plupart des modèles de représentation des connaissances ontologiques font référence à la définition de Studer et al. (1998) « *une ontologie est une spécification formelle et explicite d'une conceptualisation partagée* ». Cette définition signifie que la construction d'une ontologie n'intervient qu'après un travail de conceptualisation mené à bien. Une conceptualisation qui nécessite un consensus (sur la signification des concepts) entre les différents experts participants à la construction de l'ontologie. Ainsi chaque concept ne doit avoir qu'une et une seule définition, et l'ontologie est prévue pour stocker le résultat du travail de conceptualisation plutôt que pour supporter le processus de construction.

D'autre part, dans un environnement multi-experts (ce qui est généralement le cas lors de la construction des ontologies de domaine), chaque expert a sa propre perception des objets du monde réel. Ainsi les différents experts peuvent ne pas être en accord sur la signification des concepts du domaine et sur les termes pour les désigner. Le tableau suivant (Shaw et Gaines, 1989) résume les différentes situations pouvant résulter de la comparaison de deux ou plusieurs concepts provenant de différents experts (i.e. différents points de vue) :

Tableau 3. *Comparaison de la signification des concepts et des termes les désignant*

		Termes	
		Mêmes	Différents
Concepts	Mêmes	*Consensus* Les experts utilisent les mêmes termes pour désigner les mêmes concepts	*Correspondance* Les experts utilisent des termes différents pour désigner les mêmes concepts
	Différents	*Conflit* Les experts utilisent les mêmes termes pour désigner des concepts différents	*Contraste* Les experts utilisent des termes différents pour désigner des concepts différents

Chapitre 2 – Représentations multi-points de vue 58

Pour pouvoir intégrer, dans une seule ontologie, les avis (les définitions) de plusieurs experts sur un concept donné du domaine, Falquet et Mottaz (2001) ont introduit la notion d'ontologies multi-points de vue.

Dans la suite de cette section nous présentons quelques travaux d'intégration de la notion de point de vue lors de la construction d'une ontologie.

2.2.3.1. Conception collaborative d'une ontologie multi-points de vue

Dans le cadre d'un projet de construction d'une base de connaissance terminologique, Falquet et Mottaz (2001) (2002) présentent un *modèle de concept* et un *processus de construction collaborative* d'une ontologie multi-points de vue. Cette dernière est définie comme étant « *une ontologie dans laquelle chaque concept [du domaine de discours] peut avoir plusieurs définitions différentes, chacune d'entre elles représentant un point de vue différent (selon le point de vue, un concept peut également être situé à plusieurs emplacements différents dans la hiérarchie [de subsomption])* » (Falquet et Mottaz, 2001).

Dans ce contexte, les points de vue sont pris en compte « à l'intérieur d'une conceptualisation/vision » du domaine (figure 2.7), et il ne doit pas y avoir de conflits entre deux points de vue d'une même conceptualisation. Ceci constitue une limite du modèle, vu que les conflits entre experts sont parfois enrichissants (Gesche, 2008).

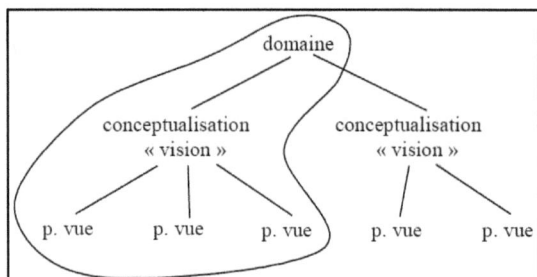

Figure 2.7. *Points de vue relatifs à une conceptualisation d'un domaine (Falquet et Mottaz, 2001)*

L'idée du modèle proposé est que pour définir un concept, chaque expert exprime son avis en proposant une définition qui est rattachée au concept et qu'ensuite, on essaie de se diriger progressivement vers un consensus en rattachant chaque définition au point de vue adéquat. L'objectif est d'aboutir à une ontologie où, pour chaque concept, on a au maximum une définition par point de vue.

Chapitre 2 – Représentations multi-points de vue 59

Cette manière de définir les concepts est basée le modèle suivant (figure 2.8), inspiré du modèle ConcepTerm (Berthet et al., 1994) :

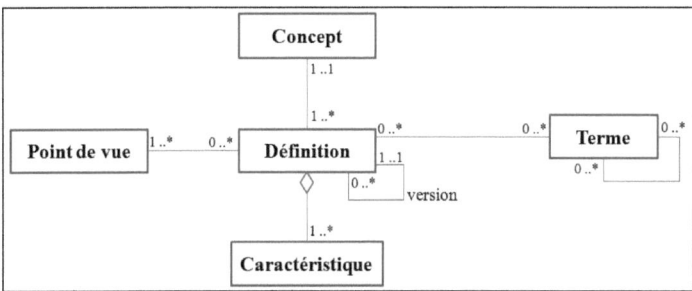

Figure 2.8. *Modèle de définition de concepts multi-points de vue*

Il est possible aussi d'avoir différents concepts désignés par un même terme, mais à différents emplacements dans la hiérarchie des concepts (en fait les concepts sont organisés en une hiérarchie de subsomption avec héritage simple). Ceci permet de capturer l'avis d'un expert qui met en cause la position d'un concept dans la hiérarchie.

On note que le modèle proposé par Falquet et Mottaz est implémenté dans un langage formel de la famille des logiques descriptives (ou logiques terminologiques). Et vu que le modèle est dédié pour la construction collaborative de bases de connaissances terminologiques, il ne traite que la définition des concepts et leur taxonomie, mais pas de relations non taxonomiques. Ceci explique aussi pourquoi ils ont développé une méthode d'analyse et de résolution des conflits d'opinion (Falquet et Mottaz, 2000). Ce sont des situations où à l'intérieur d'un point de vue on a : (1) deux ou plusieurs définitions pour un même concept, (2) deux ou plusieurs concepts désignés par le même terme.

2.2.3.2. C-OWL ou la contextualisation d'ontologies

Au lieu de représenter des concepts dans une ontologie selon plusieurs points de vue par un modèle de l'ontologie multi-points de vue, le formalisme C-OWL proposé dans (Bouquet et al., 2003 ; 2004) essaie de contextualiser des ontologies en OWL pour intégrer la notion de point de vue dans les ontologies du Web sémantique. Ce formalisme est le résultat des travaux précédents de la représentation multi-contextes (Ghidini et Giunchiglia, 2001).

L'idée de ce formalisme se base sur le fait que les ontologies sont des modèles *partagés* qui encapsulent une vision commune (consensuelle) à un ensemble de parties différentes sur un domaine, alors que les contextes sont des modèles *locaux* (local désigne ici non partagé) qui encapsulent la vision subjective d'une partie sur un domaine. Ainsi, contextes et ontologies s'opposent dans le sens où ce qui fait la force des uns apparaît comme la faiblesse des autres. L'idée sous-jacente à C-OWL est donc d'intégrer la représentation de contextes à la représentation d'ontologies en OWL, afin de mettre en commun leurs avantages. Une ontologie contextualisée, ou également contextuelle, est une ontologie dont le contenu est décrit dans un contexte particulier (local) et mis en relation avec le contenu d'autres ontologies à l'aide d'appariements (mapping).

Le langage C-OWL est une extension du langage OWL dont la syntaxe et la sémantique ont été obtenus en étendant la syntaxe et la sémantique de OWL pour permettre la représentation des ontologies contextuelles (figure 2.9). En C-OWL, les connaissances sont contenues de façon distribuée dans un ensemble de contextes, appelé espace de contextes. Chaque contexte de cet espace est une ontologie locale en OWL, possédant son propre langage local et sa propre interprétation. Les entités de ces ontologies locales (classes, relations, instances ...) peuvent être reliées par des mappings dont l'objectif est de permettre l'utilisation conjointe de plusieurs contextes, en rendant possible les échanges et la réutilisation de connaissances d'un contexte à l'autre. Un mapping entre deux ontologies O_i et O_j est composé de passerelles (*bridge rules*) permettant de déclarer des correspondances entre les entités des deux contextes. Sur la base de ces correspondances, une partie des connaissances contenues dans O_i peut être interprétée et réutilisée dans O_j. Les cinq différentes passerelles possibles ainsi que leur sémantique sont définies sous forme d'un schéma RDF (figure 2.9).

On note cependant qu'une passerelle en C-OWL indique une *relation directionnelle*, établie du point de vue d'une ontologie, et non une assertion globale partagée par les ontologies mises en commun. Par exemple on peut établir que, selon O_j, le concept **x** de l'ontologie O_i est perçu comme plus spécifique que le concept **y** de O_j, mais cela n'indique pas que O_i perçoit **x** comme un sous-concept de **y**.

Chapitre 2 – Représentations multi-points de vue 61

```
<?xml version="1.0" encoding="UTF-8"?>
<rdf:RDF   xmlns:rdf="http://www.w3.org/1999/02/22-rdf-syntax-ns#"
           xmlns:rdfs="http://www.w3.org/2000/01/rdf-schema#"
           xmlns:owl ="http://www.w3.org/2002/07/owl#">
    <rdfs:Class rdf:about="Mapping"/>
    <rdfs:Class rdf:about="Correspondence"/>
    <rdfs:Class rdf:about="Equivalence">
            <rdfs:subClassOf rdf:resource="#Correspondence"/>
    </rdfs:Class>
    <rdfs:Class rdf:about="Onto">
            <rdfs:subClassOf rdf:resource="#Correspondence"/>
    </rdfs:Class>
    <rdfs:Class rdf:about="Into">
            <rdfs:subClassOf rdf:resource="#Correspondence"/>
    </rdfs:Class>
    <rdfs:Class rdf:about="Compatible">
            <rdfs:subClassOf rdf:resource="#Correspondence"/>
    </rdfs:Class>
    <rdfs:Class rdf:about="Incompatible">
            <rdfs:subClassOf rdf:resource="#Correspondence"/>
    </rdfs:Class>
    <rdf:Property rdf:about="sourceOntology">
            <rdfs:domain rdf:resource="#Mapping"/>
            <rdfs:range rdf:resource="owl:Ontology"/>
    </rdf:Property>
    <rdf:Property rdf:about="targetOntology">
            <rdfs:domain rdf:resource="#Mapping"/>
            <rdfs:range rdf:resource="owl:Ontology"/>
    </rdf:Property>
    <rdf:Property rdf:about="bridgeRule">
            <rdfs:domain rdf:resource="#Mapping"/>
            <rdfs:range rdf:resource="#Correspondence"/>
    </rdf:Property>
    <rdf:Property rdf:about="source">
            <rdfs:domain rdf:resource="#Correspondence"/>
            <rdfs:range rdf:resource="owl:Class"/>
    </rdf:Property>
    <rdf:Property rdf:about="target">
            <rdfs:domain rdf:resource="#Correspondence"/>
            <rdfs:range rdf:resource="owl:Class"/>
    </rdf:Property>
</rdf:RDF>
```

Figure 2.9. *RDF Schéma définissant l'extension de OWL en C-OWL (Bouquet et al., 2004)*

Dans le cadre du projet KASIMIR (d'Aquin, 2005) concernant la construction d'un portail dédié à la gestion des connaissances décisionnelles en cancérologie, on retrouve le langage C-OWL utilisé afin d'établir une représentation multi-points de vue des connaissances contenues dans les référentiels du domaine de cancérologie. Dans ce domaine, il existe différents points de vue (correspondant notamment aux différentes disciplines de la cancérologie), différentes façons de considérer les connaissances du domaine et différentes façons de les utiliser. Les inférences fournies par C-OWL sont utilisées dans un système de raisonnement à partir de cas (RàPC) pour l'aide à la décision lors de l'application des référentiels.

2.2.3.3. MVP : modèle pour ontologies multi-points de vue

En suivant le même principe du langage C-OWL, Bach (2006) propose un modèle pour la représentation d'ontologies multi-points de vue appelé MVP, et une extension du langage d'ontologie OWL appelée MVP-OWL. L'objectif de ce modèle vise à construire et exploiter un *Web Sémantique* dans une organisation hétérogène, comportant différentes sources de connaissances et différentes catégories d'utilisateurs, en construisant une ontologie multi-points de vue permettant d'exprimer des terminologies, des engagements ontologiques et des connaissances (c'est la capitalisation des connaissances au sein d'une organisation).

Le modèle MVP de Bach se base sur l'introduction d'une nouvelle entité ontologique appelée *point de vue* (en plus des entités classiques : classe, relation et instance). Pour définir cette nouvelle entité, deux niveaux de représentions des connaissances sont distingués (faisant suite aux travaux de Ribière et al., 2002) : (1) Au niveau conceptuel (terminologique), un point de vue correspond à une *vue perspective* composée de certaines propriétés (attributs) d'une classe (concept). Ces propriétés constituent les informations pertinentes selon ce point de vue. Ainsi, un point de vue joue le rôle d'un filtre des caractéristiques d'une classe. (2) Au niveau assertionnel, un point de vue correspond à un contexte particulier ou les instances (objets) sont décrits et utilisés. Les descriptions à propos d'un objet selon un point de vue constituent des *vues opinions*. Elles sont cohérentes et valides dans le contexte défini par le point de vue.

Pour pouvoir relier les classes décomposées différemment selon des points de vue différents et permettre donc de raisonner avec les classes et instances définis dans le modèle en entier, à travers des points de vue différents, le modèle MVP contient des liens entre points de vue. Ces liens (équivalence, inclusion, exclusion) sont définis comme des *passerelles* entre des classes, propriétés ou instances appartenant à des points de vue différents (figure 2.10).

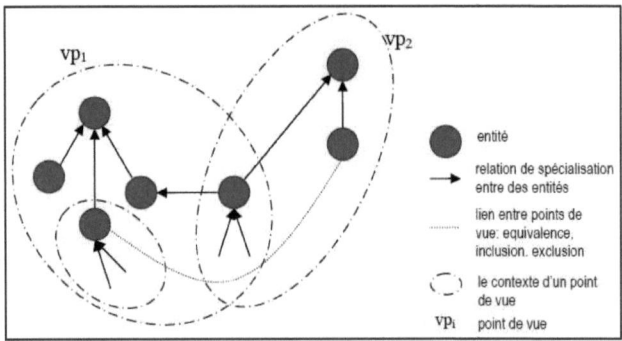

Figure 2.10. *Modèle multi-points de vue MVP (Bach, 2006)*

On note aussi que le modèle MVP permet l'héritage multiple selon plusieurs points de vue dans la définition d'une classe : une classe peut être sous-classe directe de plusieurs classes selon plusieurs points de vue différents. Comme une classe peut avoir plusieurs sous-classes selon plusieurs points de vue.

Pour pouvoir représenter une ontologie multi-points de vue conforme au modèle MVP, le langage MVP-OWL est proposé comme une extension du langage OWL-DL en rajoutant de nouvelle primitives telles que : *Viewpoint*, *ClassWithViewpoint*, *belongToViewpoint*, *onViewpoint*, etc.

2.2.4. Représentation des connaissances en ECD

2.2.4.1. Plateforme d'annotation du processus d'ECD multi-points de vue

L'approche d'intégration des points de vue en ECD a été initiée par Behja et al. (2005) au sein de l'équipe projet AxIS à l'INRIA Sophia Antipolis dans le cadre d'une coopération Franco-Marocaine (Software Engineering Network)[21]. Une approche qui a été motivée par des travaux antérieurs sur la gestion des points de vue en conception coopérative (Trousse, 1998). Partant du constat qu'un processus d'ECD est un processus complexe qui fait intervenir plusieurs analystes ayant chacun ses préférences, son domaine de compétence et ses objectifs (son point de vue), Behja propose une modélisation du processus tenant compte du savoir et du savoir faire de l'analyste. L'objectif d'une telle modélisation est de faciliter l'analyse et l'utilisation d'un processus d'ECD en termes de point de vue. Dans cette modélisation, la définition d'un point de vue s'appuie sur la spécification d'un ensemble de critères génériques (figure 2.11) qui intègre des connaissances du domaine analysé et du domaine de l'analyste.

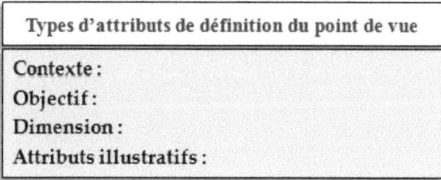

Figure 2.11. *Template de définition d'un point de vue en ECD (Behja, 2009)*

Pour permettre la réutilisation des analyses faites selon les points de vue des analystes, un format de métadonnées est proposé pour annoter le processus d'ECD en termes de points de vue et de vues. Une activité d'analyse d'ECD guidée par le point de vue est modélisée comme un processus de génération/transformation de vues. Ces dernières sont annotées par des métadonnées permettant de garder la trace de leur génération. La figure 2.12 suivante illustre un exemple d'une succession de vues générées lors de l'analyse des fichiers log http du serveur Web d'une plateforme d'enseignement à distance.

---

21. http://raweb.inria.fr/rapportsactivite/RA2003/axis/uid81.html

Chapitre 2 – Représentations multi-points de vue　　64

Vue Initiale	Vue Sélection	Vue Nettoyage	Vue Transformation	Vue Data Mining
IP UserLogin DateTime Status URL Taille Referer Agent	IP UserLogin DateTime Status URL Referer	IP UserLogin DateTime URL Referer	IP UserLogin DateTime URL Referer Sessions Episodes	Clusters, Associations, Modèles qui décrivent le taux d'app.

① ② ③ ④

Figure 2.12. *Exemple de vues générées lors de l'analyse de fichiers log http (Zemmouri et al., 2010)*

Le schéma de métadonnées proposé est structuré en trois parties : GeneralInfo, DataInfo et MethodeInfo (Behja et al., 2010). Il est formalisé en langage RDF.

Motivé aussi par le besoin de disposer d'un outil qui soit ouvert et spécialisable par les experts pour mener des analyses multi-vues en ECD, Behja propose une plateforme à objet spécialisable ainsi que des composants de base réutilisable basés essentiellement sur l'utilisation des patrons de conception (Gamma et al., 1995). Cette plateforme est conçue pour le développement de prototypes, l'intégration de nouveaux composants et l'extension des composants existants pour s'adapter au mieux aux exigences spécifiques des analystes. Elle intègre un modèle du processus d'ECD, un modèle du point de vue et un modèle d'intégration du point de vue en ECD.

Le processus d'ECD est modélisé selon le diagramme de classe de la figure 2.13. il est composé des trois grandes étapes : prétraitement, fouille de données et post-traitement. Ce qui est limitatif par rapport au modèle de référence CRISP-DM (cf. chap. 1).

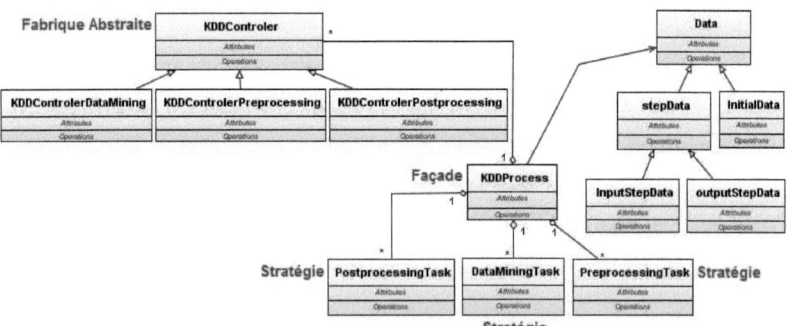

Figure 2.13. *Modèle du processus d'ECD*

Le patron de conception « *Stratégie* » est utilisé afin de décrire un scénario d'exécution dans un processus d'ECD, notamment pour choisir la méthode convenable pour une fin précise

Chapitre 2 – Représentations multi-points de vue

exigée par un analyste. L'utilisation du patron « *Façade* » permet de définir une interface de haut niveau qui va rendre le système plus facile à utiliser, à configurer, à réutiliser et à être exploité par une vue simplifiée. Et pour mieux garantir la cohérence des résultats issus de chaque étape du processus d'extraction, le patron « *Fabrique Abstraite* » est utilisé au niveau d'une classe « *KDDControler* » réunissant les méthodes de création des objets participant dans l'extraction. Ce patron propose la définition d'une interface abstraite centralisée de création d'un ensemble d'objets. Cette interface peut être spécialisée et favorise aussi le maintien de la cohérence entre objets qui reste masquée pour l'utilisateur.

Le point de vue est modélisé (figure 2.14) comme la « perception » d'un expert sur le processus d'ECD. Il peut être de deux types : simple ou composé. Les connaissances d'un point de vue simple sont représentées par deux types d'attributs. Le premier concerne les connaissances du domaine analysé et traite la sémantique des données manipulées. Le deuxième type concerne les connaissances du domaine de l'analyste et porte sur la définition d'un schéma d'exécution symbolique pour piloter le processus d'extraction, en choisissant la méthode à exécuter pour chacune des étapes du processus d'ECD.

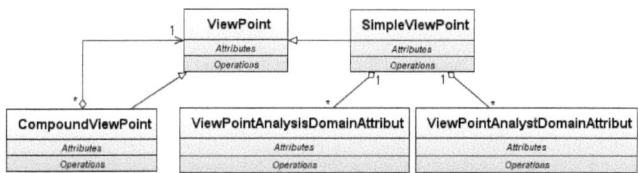

Figure 2.14. *Modèle du point de vue*

L'intégration du point de vue dans un processus d'ECD nécessite, à la fois, la spécification des attributs du domaine analysé et du domaine de l'analyste du point de vue. Ces attributs permettent d'une part, de cerner le domaine à analyser et d'autre part de définir un plan d'exécution selon le point de vue.

La modélisation objet du processus d'ECD guidé par le point de vue, ainsi que le format de métadonnées proposés par Bejha constituent une modélisation de haut niveau « très ambitieuse » de ce processus complexe. Cependant une telle modélisation du processus d'ECD reste abstraite et difficile à implémenter dans des cas pratiques d'ECD. En particulier, nous avons constaté les limites suivantes :

- Manque d'une caractérisation complète et détaillée du processus d'ECD et du point de vue. En effet les types d'attributs (attributs du domaine analysé et du domaine de l'analyste) proposés pour définir ou capturer le point de vue d'un analyste (voir figure 2.11) ne couvrent pas tout le cycle d'exécution d'un processus d'ECD.

- Non-conformité des standards de fait qui se sont imposé dans le domaine de l'ECD et qui sont le résultat de groupes de travail, de consortiums et de bonnes pratiques (exemples : le modèle et méthodologie CRISP-DM, le langage PMML).

- Manque d'une méthodologie (ou un support méthodologique) permettant de guider les utilisateurs (novices ou experts) pendant la réutilisation des plans d'exécutions réussis ou la construction d'un nouveau plan d'exécution en termes de point de vue.

- Des relations entre points de vue ont été préconisées. Mais vue que la formalisation du point de vue était encore a ces débuts, ces relations n'ont pas été développées et formalisées.

2.2.4.2. Notre approche

Notre approche de représentation et de gestion des connaissances dans un processus d'ECD multi-points de vue se situe dans la continuité des travaux de Behja et al. Nous envisageons essentiellement une caractérisation multi-critères de la notion de point de vue en ECD. Cette caractérisation permet une indexation plus précise des connaissances du processus et une assistance de l'utilisateur expert tout au long du cycle de conception et d'exécution du processus d'ECD multi-vues.

Et pour garantir un partage de connaissances entre les différents acteurs d'une analyse multi-vues (ce qui assure en particulier la réutilisabilité, la coordination et la compréhensibilité entre analystes), nous allons développer un ensemble de relations sémantiques entre points de vue avec un ensemble de mécanismes de raisonnement et d'inférence.

Notre approche sera structurée autour d'un Modèle Conceptuel de gestion des connaissances dans un processus d'ECD multi-vues que nous allons présenter dans le chapitre 3.

2.3. Synthèse

Dans cette section nous allons dresser un tableau de synthèse pour confronter les différentes approches de représentation des connaissances multi-points de vue. Les critères de comparaison utilisés sont : la caractérisation des points des vues et des vues dans le modèle, le formalisme et langage utilisés pour implémenter ou représenter le modèle, et les liens définis entre points de vue.

Nous constatons que la vision perspective est présente dans toutes les approches, surtout les approches orientées objet.

Tableau 4. *Synthèse comparative des différentes approches de représentation multi-points de vue des connaissances*

Approche	Objectifs	Points de vue / Vues	Principe de représentation multi-points de vue	Liens entre points de vue	Formalisme / Langage	Nouveaux concepts (pertinents)
KRL	- Construction de systèmes pour la compréhension du langage naturel.	Perspectives	- Les points de vue sur une classe de base sont représentés dans des classes séparées appelées perspectives. - Un objet est instance d'une classe de base et de plusieurs perspectives qui lui donnent chacune une description particulière.	- Les points de vue sont indépendants	Orienté Objet	- Classe de base - Classe de spécialisation
TROPES	- Classification automatique d'instances à base de points de vue (raisonnement classificatoire). - Représentation taxonomique de la connaissance supportant ce raisonnement.	Perspectives	- Chaque concept a une structure taxonomique organisée par niveaux correspondant aux différents points de vue (perspectives d'observation) sur le concept. - un point de vue détermine un ensemble de caractéristiques du concept le plus souvent correspondant à un domaine.	- Les points de vue du même concept sont connectés par des passerelles. - Les concepts sont disjoints.	Orienté Objet	- Concept - Point de vue - Passerelle
VBOOL/ VBOOM	- Modélisation de systèmes complexes dans un contexte de génie logiciel. - Gestion d'accès à un modèle commun selon plusieurs points de vue (profils utilisateurs).	- Vues = des perspectives prédéfinies sur l'objet. - Point de vue = une composition de vues sur l'objet.	- Un ensemble de vues sont définies dans chaque classe flexible. - L'instanciation d'une classe flexible selon un point de vue se fait en précisant les vues constituant le point de vue.	- Des vues peuvent être en exclusion mutuelle.	Orienté Objet/ VBOOL extension de Eiffel	- Classe flexible - Lien de visibilité
VUML	- Modélisation de systèmes complexes dans un contexte de génie logiciel. - Extension orientée points de vue du langage UML permettant de modéliser un système logiciel par une approche combinant objets et points de vue.	- Point de vue = vision d'un acteur sur le système. - Vue = application d'un point de vue à une entité donnée.	- Une classe multivues est composée d'une classe de base et d'un ensemble de vues spécifiques reliées à la base par une relation d'extension. - Une classe multivues peut être instanciée par un objet multivues dont une vue à la fois est active et correspond à un point de vue.	- Relation de dépendance entre vues	Orienté Objet/ UML	- MultiViewsClass - ViewExtension - AbstractView - Base - View - ViewDependency

Approche	Objectifs	Définition de point de vue	Mécanismes/Relations	Formalisme	Concepts/Termes
C-VISTA	- Représentation et gestion de multiples points de vue dans le formalisme des GC. - Acquisition et représentation des connaissances dans un cadre de multi-expertises. - Construction coopérative d'ontologies.	- Point de vue caractérisé par un focus et un angle de vue - Deux types de points de vue : point de vue perspective et point de vue opinion	- Une relation de sous typage est indexée par des points de vue exprimant un sous-typage particulier et contenant le focus et l'angle de vue. - Un concept est instance d'un type de concept basique et représente plusieurs types de concept v-orientés.	- Lien d'équivalence - Lien d'inclusion - Lien d'exclusion	Graphes conceptuels	- Concept basique - Concept v-orienté - sous-typage point de vue - Lien point de vue
ontologie multi-points de vue	- Construction collaborative de bases de connaissances terminologiques. - Analyse et de résolution de conflits d'opinions	- Point de vue = un type de personne (métier, âge, niveau de formation, etc.) ou d'utilisation	- Un concept peut avoir plusieurs définitions provenant de plusieurs experts. - Chaque définition est rattachée au point de vue adéquat. - Le point de vue peut mettre en cause l'emplacement du concept dans la taxonomie.	- Les différentes définitions d'un concept sont compatibles	Ontologies/ Logique de description	- Point de vue - Définition - Terme
C-OWL	- Contextualisation d'ontologies	- Point de vue = contexte	- Les concepts sont organisés sous forme d'ontologies locales correspondant chacune à un contexte (avec une sémantique locale). - Des relations sémantiques (mappings) entres concepts des différentes ontologies.	Passerelles entre entités : - Equivalent - Compatible - Incompatible - Dedans - Dessous	Ontologies/ C-OWL extension de OWL	- Mapping - bridgeRule - Correspondence
MVP	- Construction d'un web sémantique d'entreprise multi-points de vue. - Faire cohabiter hétérogénéité et consensus dans la représentation des connaissances.	- Point de vue comme perspective. - Point de vue comme interprétation contextuelle.	- Une classe est sous classe d'une autre classe selon un point de vue. - Multi-héritage selon plusieurs points de vue possible. - Un objet est instance d'une ou plusieurs classes selon différents points de vue (multi-représentation).	Passerelles entre classes : - Equivalence - Inclusion - Exclusion	Ontologies/ MVP-OWL extension de OWL	- Viewpoint - ClassWithViewpoint - belongToViewpoint - onViewpoint
Plateforme objet pour ECD	- Prise en compte du point de vue de l'analyste pour l'annotation d'un processus d'ECD. - faciliter l'analyse et l'utilisation d'un processus d'ECD en termes de points de vue et de vues.	- Point de vue = perspective d'un analyste - Vue = résultat d'une transformation	- Une activité d'analyse d'ECD guidée par le point de vue est modélisée comme un processus de génération/transformation de vues. - Les différentes vues sont annotées par des métadonnées permettant de garder la trace de leur génération.	- Lien d'équivalence - Lien de subsumption	Orienté Objet RDF	- ViewPoint - SimpleViewPoint - CompoundViewpoint - View

Partie II

Contributions pour la représentation et la gestion des connaissances d'un processus d'ECD multi-vues

Chapitre 3

Modèle Conceptuel de connaissances

Selon le projet CommonKADS, un Modèle Conceptuel en ingénierie des connaissances « est une spécification des informations et des structures et fonctions des connaissances mise en œuvre dans une tâche à forte implication des connaissances » (Schreiber et al., 2000). Il permet une description abstraite des connaissances indépendamment de l'implémentation. On y distingue trois types de connaissances qui font l'objet de modèles distincts avec des primitives de modélisation propres : les connaissances du domaine, les tâches et les méthodes (Charlet et al, 2000).

L'objet du présent chapitre est de présenter notre modèle conceptuel de connaissance d'un processus d'ECD multi-vues, un modèle qui constitue une infrastructure de base sur laquelle nous avons développé notre approche de point de vue en ECD.

3.1. Présentation du modèle de connaissances

3.1.1. Notion de la connaissance

La définition précise, mathématique de l'information existe. Elle a été donnée par Shannon en 1949 (Shannon, 1949), et constitue le fondement de ce qu'on appelle la théorie de l'information. Par contre la connaissance a plusieurs définitions dans la littérature qui dépendent du contexte d'utilisation. Nous n'avons pas l'intention ici d'étudier ces définitions, ni de proposer une nouvelle. Notre objectif est de présenter une définition que nous avons adoptée et qui nous semble harmonieuse avec notre approche et nos travaux de thèse.

En utilisant le triangle sémiotique et la conjonction S3 : Signe, Signifié, et Signifiant (figure 3.1), Ermine (Ermine et al., 1996) définit ce qu'il appelle le patrimoine de connaissances. Il s'agit d'une conception de la connaissance comme un objet qui s'observe selon trois axes : syntaxique (signe, forme), sémantique (signifié, le sens) et pragmatique (signifiant, le contexte). Ceci permet en particulier d'éviter la confusion et de définir des limites entre connaissance et information. En effet, la connaissance ne peut se résumer à l'information, celle-ci n'est qu'un point de vue, une projection sur l'axe syntaxique qui ne peut s'y soustraire.

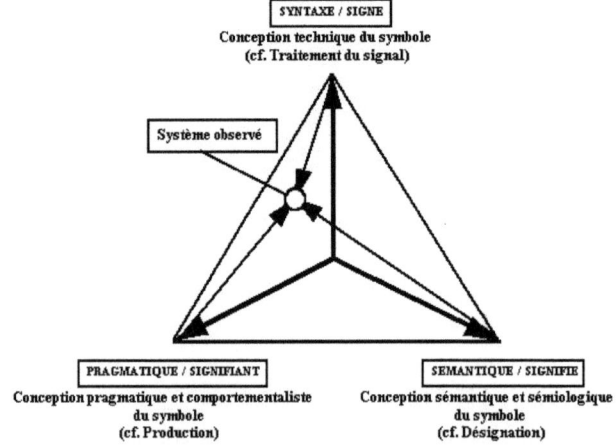

Figure 3.1. *Les trois axes du triangle sémiotique, la conjonction S3 (Le Moigne, 1990)*

En effet dans les modèles que nous allons présenter dans la suite de ce mémoire, nous allons manipuler des éléments de la connaissance (concepts, relations et règles) avec une syntaxe, une sémantique et un contexte d'utilisation (opérationnalisation) bien définis.

3.1.2. Ingénierie des connaissances

L'ingénierie des connaissances (IC) a été développée au sein du domaine de l'Intelligence Artificielle (IA) depuis la fin des années 80. Elle contient plusieurs champs de recherche en système d'information, modélisation objet, travail collaboratif, interface homme machine, raisonnement à partir de cas, systèmes à base de connaissances, etc. L'activité de l'IC est définit comme étant « l'étude des concepts, méthodes et techniques permettant de modéliser et/ou d'acquérir les connaissances pour des systèmes réalisant ou aidant des humains à réaliser des tâches se formalisant a priori peu ou pas » (Charlet et al., 2000).

Les méthodes d'ingénierie des connaissances offrent en premier lieu des concepts, méthodes et techniques permettant l'*acquisition* et la *modélisation* des connaissances à partir de sources complexes. En second lieu, elles offrent des outils permettant d'*opérationnaliser* et de *valider* les modèles qualitatifs conçus lors de l'étape précédente en conservant une traçabilité entre les modèles au niveau des connaissances et les modèles pour l'implémentation. En troisième lieu, dans une démarche de conception spirale, le processus de validation doit être conçu pour prendre en compte les retours des experts et des utilisateurs afin d'améliorer les modèles qualitatifs élaborés dans la première étape et de progresser dans l'analyse du problème et la définition des méthodes élaborées pour le résoudre (Charlet et al., 2000).

En se basant sur cette définition des méthodes de l'IC, trois activités principales peuvent être distinguées en IC (Ben Ahmed, 2005) : la modélisation et l'acquisition des connaissances, l'opérationnalisation des modèles de connaissances, et la validation des méthodes, modèles et outils conçus et opérationnalisés.

3.1.3. Modélisation des connaissances

La modélisation des connaissances est une activité centrale et complexe en IC. La complexité de cette activité est due à la complexité de la tâche de modélisation en général et à la nature complexe de la connaissance en particulier.

La modélisation des connaissances peut être définit comme « un processus de construction intentionnelle (afin de résoudre des problèmes), à partir d'expérience (le savoir-faire), information et savoir, de modèles susceptibles de rendre intelligible (ayant un sens dans un contexte donné) cette connaissance» (Ben Ahmed, 2005). Ce qui permet principalement la capitalisation, le partage et la réutilisation de la connaissance, ainsi que le support de mécanismes de raisonnement pour la résolution de problèmes.

Plusieurs méthodes et techniques ont été développées dans la littérature pour la modélisation des connaissances : la méthode KOD (Knowledge Oriented Design) (Vogel, 1989), la méthode MIKE (Model-based and Incremental Knowledge Engineering) (Angele et al., 1996), la méthode CommonKADS (Schreiber et al., 2000), et bien d'autres. Ces méthodes de modélisation proposent une variété de modèles de connaissances. Par exemple la méthode CommonKADS, qui est une méthode de référence en IC pour la modélisation et le développement de systèmes à base de connaissances, propose une phase de spécification développant cinq modèles (modèle d'organisation, modèle des tâche, modèle d'agent, modèle de communication et modèle conceptuel) et une phase de conception pour le développement d'un modèle de conception.

Le Modèle Conceptuel des connaissances, objet de ce chapitre, est une spécification des informations et des structures et fonctions des connaissances mise en œuvre dans une tâche à forte implication des connaissances. Il permet une description abstraite des connaissances indépendamment de l'implémentation. On y distingue trois types de connaissances qui font l'objet de modèles distincts avec des primitives de modélisation propres : les connaissances du domaine, les tâches et les méthodes (Charlet et al, 2000). Le modèle conceptuel est le plus souvent utilisé pour guider l'acquisition des connaissances (Aussenac-Gilles et al., 1992).

3.1.4. Modèle Conceptuel des connaissances en ECD

Notre modèle conceptuel de gestion des connaissances intégrant la notion de point de vue (Behja, 2009) est composé de quatre sous-modèles structurés selon (Aussenac-Gilles, 1996) en *connaissances du domaine* et *connaissances stratégiques* (figure 3.2). Le niveau domaine décrit les concepts du domaine et leurs relations. Le niveau stratégique se base sur le niveau domaine et exprime comment une tâche va être effectuée.

Chapitre 3 – Modèle Conceptuel   77

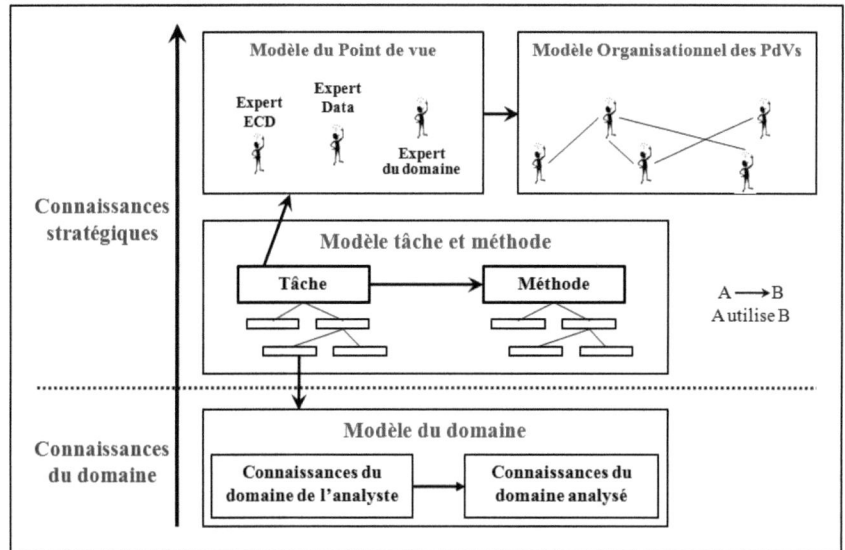

Figure 3.2. *Modèle Conceptuel de connaissances d'un processus d'ECD multi-vues*

3.2. Principe général

Le modèle que nous proposons repose essentiellement sur des *ontologies de domaine* et des *ontologies de tâche* (ou ontologies du domaine de la tâche) pour structurer la connaissance du domaine d'application considéré et de la tâche d'extraction ou de recherche de l'utilisateur d'ECD. Ainsi, outre le domaine, nous nous intéressons également à la tâche dans laquelle s'inscrit la recherche de l'utilisateur. La tâche se réfère à l'activité pour laquelle la recherche selon le point de vue est effectuée.

Notre modèle sépare conceptuellement les aspects de tâche et de domaine tout en les mettant en relation. Chaque aspect est modélisé par une ontologie (de domaine ou de la tâche). Cette formalisation permet d'établir les connaissances associées à ces deux aspects à travers des relations sémantiques riches. Elle permet en outre de déduire de nouvelles connaissances à partir du lien entre ces deux ontologies. Ce modèle est intégré dans un processus de modélisation ontologique du domaine de l'ECD intégrant les spécificités des utilisateurs en termes de son point de vue et d'interactions entre points de vue.

Comme l'illustre la figure 3.2, notre modèle conceptuel est structuré en deux niveaux : niveau domaine et niveau stratégique ; et quatre sous modèles qui se présentent comme suit :

3.2.1. Modèle du domaine

Les connaissances du domaine sont les connaissances relatives au domaine d'application et nécessaires pour que les méthodes puissent s'exécuter. Le modèle du domaine est une conceptualisation des concepts et relations du domaine d'application. Dans notre contexte d'ECD, on considère ce modèle comme une ontologie de domaine utilisée pour indexer les données et les attributs manipulés.

On note cependant qu'une représentation ontologique des connaissances du domaine d'application n'est pas toujours donnée à priori. Dans la plus part des cas ces connaissances se présentent sous forme de schémas relationnels bases de données, de métadonnées voire même de description textuelle des données. Dans ce sens, des travaux sont menés au sein de notre équipe pour la construction automatique d'ontologie de domaine à partir de schémas relationnels (Chbihi et al., 2013).

3.2.2. Modèle tâche et méthode

Ce modèle décrit de façon abstraite le processus d'extraction en termes de tâches et de méthodes. Les tâches sont réalisées par des méthodes. Une tâche est une description de ce qui doit être fait dans l'application en termes de buts et de sous-buts. Les méthodes décrivent comment un but peut être atteint en termes d'une série d'opérations et d'un ordre de réalisation.

Nous avons formalisé ce modèle sous forme d'une ontologie générique semi-formelle OntoECD (Zemmouri et al., 2009, 2012b). Cette ontologie conceptualise les méthodes et fonctions du processus d'ECD indépendamment du domaine d'application et de la structure des données, ce qui favorise la généricité et la réutilisabilité. OntoECD devrait répondre aux questions relatives au processus d'ECD, telles que les différents buts d'un processus d'ECD, les étapes, les méthodes implémentant ces étapes, les sous méthodes de bas niveau qui, une fois exécutées, réalisent la tâche de la méthode mère, ainsi que les caractéristiques des outils logiciels impliqués dans l'analyse.

Le développement de ce modèle fait l'objet du chapitre 4 du présent mémoire.

3.2.3. Modèle du point de vue

Le modèle du point de vue est une caractérisation multi-critères du point de vue en ECD. Il décrit le point de vue en ECD en termes d'un ensemble de critères génériques identifiés à base du modèle de référence CRISP-DM et formalisé sous forme d'une ontologie OWL (Zemmouri et al., 2011, 2012a). Ces critères sont indépendants de la tâche et du domaine d'application. Ils permettent de modéliser la vision de l'analyste sur les données analysées, l'objectif d'analyse et une partie de l'expertise nécessaire aux nombreuses prises de décisions effectuées pendant l'analyse. La modélisation du point de vue en ECD devrait favoriser la coordination et la compréhension entre les différents experts d'une analyse multi-vues. Elle favorise également la réutilisation d'une analyse selon un point de vue donné.

Le développement de ce modèle fait l'objet du chapitre 5 du présent mémoire.

3.2.4. Modèle organisationnel des points de vue

Une analyse multi-vues est caractérisée par l'intervention de plusieurs expert (ex. figure 3). Il est donc important de modéliser l'interaction et la dépendance entre les différentes analyses selon des points de vue différents. Le modèle organisationnel des points de vue nécessite l'identification de divers types de relations entre points de vue comme: l'équivalence, l'inclusion, le conflit, l'exigence, et l'indépendance (Zemmouri et al., 2013).

Le développement de ce modèle fait l'objet du chapitre 6 du présent mémoire.

Chapitre 4

L'ontologie OntoECD
Modèle tâche et méthode

> Une ontologie de tâche et méthode est une ontologie qui décrit le vocabulaire concernant une tâche générique (ex. enseigner, classifier, diagnostiquer …), notamment en spécifiant les concepts et les relations d'une ontologie de haut niveau (Guarino, 1998). Certains auteurs utilisent aussi le nom « ontologie du domaine de la tâche » pour faire référence à ce type d'ontologie (Hernandez, 2005).
>
> Dans ce chapitre nous pressentons le développement de l'ontologie OntoECD pour la tâche de l'extraction des connaissances à partir de données. Elle consiste en une description sémantique des concepts et relations du domaine de la tâche d'ECD (données manipulées, tâches, étapes, méthodes, algorithmes, entrées/sorties…) indépendamment du domaine d'application (domaine analysé) et des outils d'exécution.
>
> L'objectif d'une telle ontologie est de mieux appréhender la complexité du processus d'ECD et assister ses utilisateurs (novices) dans la conception et l'exécution de plans d'exécution valides.

4.1. Représentation ontologiques des connaissances

4.1.1. Notion d'ontologie en représentation des connaissances

La représentation des connaissances consiste à modéliser et à formaliser les connaissances relatives à un domaine donné. Nées du besoin de représenter les connaissances dans les systèmes informatiques, les ontologies sont à l'heure actuelle au cœur des travaux menés dans le domaine de l'ingénierie des connaissances. Elles n'ont été clairement définies que par rapport au processus général de représentation et d'explicitation des connaissances. Ainsi, en 1993 Gruber a originellement défini la notion d'ontologie comme : « *une spécification explicite d'une conceptualisation* » (Gruber, 1993). En 1997, Borst a défini une ontologie comme « *une spécification formelle d'une conceptualisation partagée* » (Brost, 1997). Ces deux définitions ont été fusionnées par Studer et al. (1998) en : « *une ontologie est une spécification formelle et implicite d'une conceptualisation partagée* ». La construction d'une ontologie n'intervient donc qu'après que le travail de conceptualisation ait été mené à bien. Ce travail consiste à identifier, au sein d'un corpus, les connaissances spécifiques au domaine de connaissances à représenter.

Dans les définitions précédentes, le terme « *spécification explicite* » indique qu'une ontologie est un ensemble de concepts, de propriétés, d'axiomes, de fonctions et de contraintes explicitement définis. Le terme « *formel* » précise que cette ontologie (la conceptualisation) doit être représentée sous une forme (langage) comprise et interprétée par la machine. Le terme *« partagée »* impose une vision consensuelle sur le vocabulaire utilisé entre les différents acteurs participants dans la construction de l'ontologie au lieu d'une vision individuelle.

Notons enfin que Guarino a affiné la définition de Gruber en considérant les ontologies comme des spécifications *partielles* et formelles d'une conceptualisation (Guarino, 1995). Les ontologies sont partielles car une conceptualisation ne peut pas toujours être entièrement formalisée dans un cadre logique, du fait d'ambigüités ou du fait qu'aucune représentation de leur sémantique n'existe dans le langage de représentation d'ontologies choisi.

Ainsi, pour construire une ontologie (figure 4.1), il est nécessaire de pouvoir construire une première modélisation semi-formelle, partiellement cohérente, correspondant à une conceptualisation semi-formalisée. On parle alors d'ontologie conceptuelle, semi-formelle, et le processus de spécification en question est appelé *ontologisation* (Kassel et al., 2000).

Ensuite, cette ontologie doit être traduite dans un langage formel et opérationnel de représentation de connaissances afin de pouvoir l'utiliser dans une machine. Le langage cible doit permettre de représenter les différents types de connaissances (connaissances terminologiques, faits, règles et contraintes) et de manipuler ces connaissances à travers des mécanismes adaptés à l'objectif opérationnel du système conçu. Ce processus de traduction est appelé *opérationalisation* (Fürst, 2002).

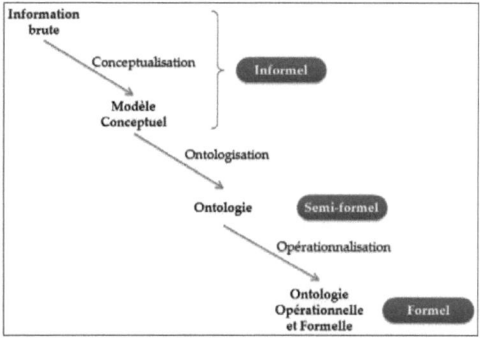

Figure 4.1. *Construction d'une ontologie et niveau de formalisation*

4.1.2. Méthodologies de construction d'ontologies

Bien qu'aucune méthodologie générale n'ait pour l'instant réussi à s'imposer, de nombreux principes et critères de construction d'ontologies ont été proposés. Ces méthodologies peuvent porter sur l'ensemble du processus et guider le concepteur pendant toutes les étapes de la construction. C'est le cas de METHONTOLOGY, élaborée en 1996 par Gomez-Perez, qui couvre tout le cycle de vie d'une ontologie (Fernández-López et al., 1997). Nous pouvant également citer les travaux de Uschold et King qui ont proposé une méthodologie inspirée de leur expérience de construction d'ontologies dans le domaine de la gestion des entreprises (Uschold , 1995), et les travaux de Gruninger et Fox qui ont proposé une méthodologie inspirée du développement des systèmes à base de connaissances utilisant la logique de premier ordre (Gruninger et Fox, 1995).

Dans la construction de notre ontologie OntoECD, nous avons adopté une méthode proche de METHONTOLOGY (figure 4.2) dont les étapes sont comme suit : (1) spécification, (2) acquisition de connaissance, (3) conceptualisation, (4) intégration, (5) implémentation, (6) évaluation, (7) maintenance, et (8) documentation.

Ces étapes seront explicitées au fur et à mesure de la présentation de l'ontologie OntoECD.

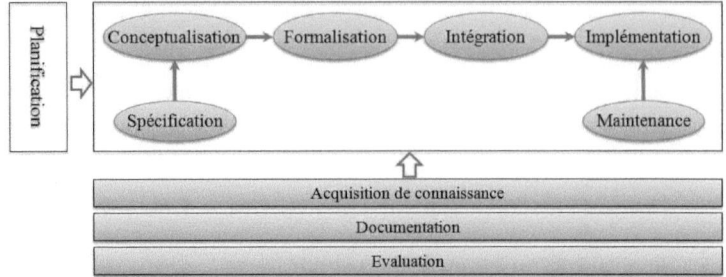

Figure 4.2. *Phases de la méthode METHODOLOGY utilisée pour développer OntoECD (Fernández-López et al., 1997)*

4.1.3. Langages de représentation d'ontologies

L'activité d'implémentation (opérationnalisation) des ontologies, proposée par la plupart des méthodologies, consiste à construire un modèle formel représenté dans un langage ontologique. Les langages de représentation des ontologies peuvent être regroupés en deux catégories : *langages classiques* et *langages à balisage*. Les langages à balisage ont atteint un certain niveau de maturité grâce aux travaux et recommandations du consortium W3C[22], organisme en charge de la coordination des activités liées au Web Sémantique[23]. Ainsi plusieurs langages ont été présentés dans le cadre du Web Sémantique, dont l'objectif principal est d'ajouter une couche sémantique au dessus du Web classique. La figure 4.3 présente la pile de ces langages ainsi que la vision du Web Sémantique par ses fondateurs.

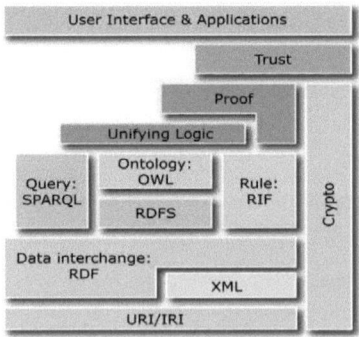

Figure 4.3. *Couches du Web Sémantique et langages ontologiques du W3C (source : Semantic Web Layer Cake, W3C 2001)*

---

22. The World Wide Web Consortium (W3C), http://www.w3.org/
23. W3C Semantic Web Activity, http://www.w3.org/2001/sw/

Chapitre 4 – Modèle tâche et méthode 85

Dans notre implémentation de l'ontologie OntoECD nous avons adopté le langage OWL[24] (Web Ontology Language) vu son expressivité, les outils qui le supportent, et le fait qu'il est devenu une convergence de la plus part des autres langages ontologiques.

OWL possède un ensemble assez riche d'opérateurs lui permettant de définir des concepts primitifs et des concepts complexes. Il se présente en trois sous langages à expressivité croissante : OWL Lite, OWL DL et OWL Full. OWL DL peut être considéré comme une extension d'OWL Lite, et OWL Full comme une extension d'OWL DL.

4.1.4. Outils de construction d'ontologies

De nombreuses plateformes logicielles utilisant des formalismes variés et offrant différentes fonctionnalités ont été développées pour supporter les ontologistes dans les différentes activités du cycle de vie d'une ontologie. Nous présentons ici brièvement deux principaux outils émanant de groupes de recherche actifs en ingénierie ontologique : Protégé et WebODE.

Protégé[25] a été développé par « Stanford Center for Biomedical Informatics Research » à l'Université Stanford. Il s'agit d'un environnement autonome, open source, avec une architecture extensible. Au cœur de cet environnement est l'éditeur d'ontologie, et il dispose d'une bibliothèque très riche de plugins qui permettent d'ajouter des fonctionnalités à l'environnement selon le besoin (Noy et al. 2000). Protégé permet l'édition, la visualisation, le contrôle (vérification des contraintes) d'ontologies, l'extraction d'ontologies à partir de sources textuelles, et la fusion semi-automatique d'ontologies. Le modèle de connaissances sous-jacent à Protégé est issu du modèle des frames, mais supporte aussi le modèle à base de OWL.

WebODE[26], successeur de ODE (Ontology Design Environment), a été développé à l'Université Polytechnique de Madrid. C'est aussi un outil d'ingénierie ontologique créé avec une architecture extensible. WebODE n'est pas utilisé comme une application autonome, mais comme un serveur Web avec plusieurs interfaces. Le composant principal de cet environnement est le service d'accès à l'ontologie, qui est utilisé par tous les services et applications intégrés (comme plugins) au serveur, en particulier par le service d'édition d'ontologies (Corcho et al., 2002).

---
24. http://www.w3.org/TR/owl-ref/
25. http://protege.stanford.edu/
26. http://mayor2.dia.fi.upm.es/oeg-upm/index.php/en/technologies/60-webode

On peut citer d'autres outils tels que : DOE (Differential Ontology Editor), OntoEdit, ou OILED (OIL Editor). Mais Protégé reste, à l'heure actuelle, l'outil le plus utilisé pour l'ingénierie ontologique. Et c'est l'outil que nous avons adopté pour développer notre ontologie pour l'ECD.

4.2. Développement de l'ontologie OntoECD

L'ontologie OntoECD est une extension et une mise à niveau de l'ontologie KDDONTO proposée par Behja et al., (2009) dont la taxonomie générale générée par l'outil OWL Viz de Protégé est donnée sur la figure 4.4. KDDONTO est une ontologie générique semi formelle, principalement inspirée de l'ontologie du système DAMON (Cannatro and Comito, 2003). Elle est conçue comme une description des méthodes et fonctions du processus d'ECD composé des trois étapes : prétraitement, fouille et post-traitement.

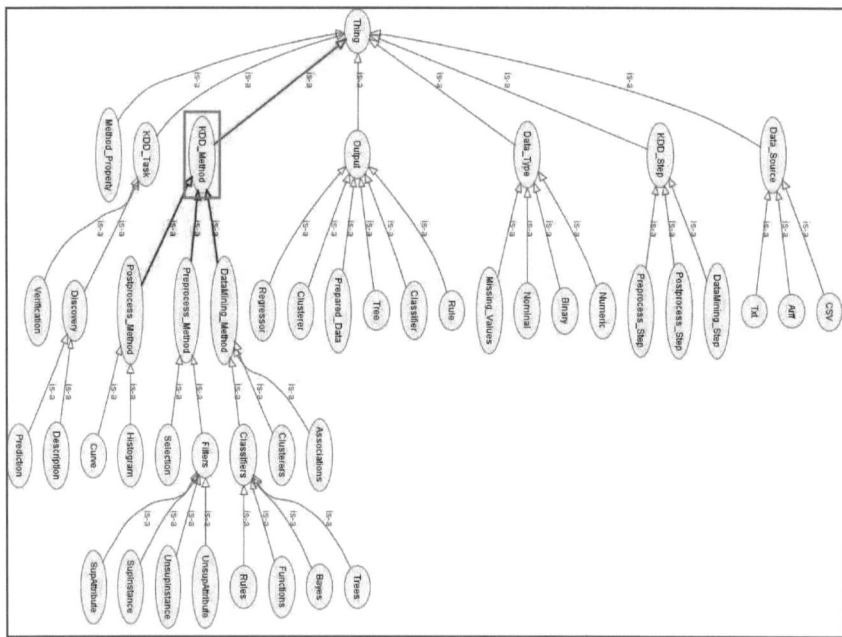

Figure 4.4. *Taxonomie générale de l'ontologie KDDONTO (Zemmouri et al., 2009)*

OntoECD est une ontologie que nous développons pour le domaine de l'ECD. Elle est basée principalement sur le modèle de référence CRISP-DM (voir figure 1.5), et sur les outils libre d'ECD (principalement la bibliothèque de méthodes Weka). OntoECD est composée de deux

Chapitre 4 – Modèle tâche et méthode   87

parties interdépendantes : *OntoECD pour CRISP-DM* et *OntoECD pour Data Mining*. Dans la première partie nous décrivons et formalisons la structure du processus d'ECD conformément au modèle de référence CRISP-DM. Dans la deuxième partie nous décrivant et formalisons les différents opérateurs, méthodes et fonctions disponibles pour l'ECD et ce indépendamment de la structure des données pour favoriser la réutilisabilité. Les fonctions s'expriment en termes de rôles orientés tâche, c'est-à-dire d'une ontologie des objets manipulés par la tâche, exprimée de manière indépendante du domaine d'application.

Ainsi, l'extension de l'ontologie KDDONTO est faite pour deux raisons : La première, et la plus importante, consiste à implémenter le modèle de référence du processus d'ECD proposé par CRISP-DM qui est devenu un standard de fait dans le domaine de l'ECD. La seconde consiste à séparer la structure de base d'un processus d'ECD (telle que décrite par CRISP-DM) des méthodes, techniques et outils d'analyse de données et leurs conditions d'exécution.

Dans ce qui suit nous présentons le cycle de développement de l'ontologie OntoECD suivant les étapes de la méthodologie METHONTOLOGY.

4.2.1. Spécification

Dans cette phase, les objectifs de l'ontologie, son type, son niveau de formalité et son champ d'application ont été définis.

Ainsi, nous définissons OntoECD comme une ontologie tâche et méthode, formelle pour le domaine de l'extraction de connaissances à partir de données, dont l'objectif est de guider un utilisateur [novice] du processus d'ECD pour la construction d'un plan d'exécution valide conforme au modèle de référence CRISP-DM, et de lui faciliter le choix et le paramétrage des méthodes d'ECD disponibles dans les outils de fouille de données.

L'ontologie OntoECD décrit le vocabulaire concernant la tâche générique de l'extraction des connaissances, ainsi que les méthodes et fonctions utilisées indépendamment de la structure de données et du domaine d'application, ce qui favorise surtout la réutilisabilité des plans d'exécution.

L'ontologie devrait répondre aux questions liées au processus d'ECD, telles que les différents buts du processus d'ECD, les étapes, les tâches à réaliser dans chaque étapes, les méthodes implémentant ces étapes, les sous méthodes de bas niveau qui, une fois exécutées, réalisent la tâche de la méthode mère, les pré- et post-conditions de ces méthodes ainsi que les caractéristiques des outils logiciels impliqués dans l'analyse (Behja et al., 2009).

4.2.2. Acquisition de connaissances

Cette phase est réalisée en grande partie simultanément avec la phase de spécification, et continue pendant la phase de conceptualisation. Elle concerne l'acquisition de l'ensemble des connaissances nécessaires pour démarrer le processus de conceptualisation de l'ontologie. Ces connaissances inclues : avis des experts de domaine, standards, savoir faire, et même d'autres ontologies existantes.

Dans le cas de l'ontologie OntoECD nous nous sommes basés sur : le savoir faire capitalisé au niveau de notre équipe de recherche en matière d'ECD, le standard CRISP-DM (modèle de référence du processus d'ECD et guide méthodologique), réutilisation des ontologies existantes (voir section 4.3 de ce chapitre), et de questions de compétences (Behja, 2009), c'est-à-dire de questions auxquelles le système est censé pouvoir répondre. On cite ci-dessous quelques unes de ces questions :

- Qu'elles sont les différentes tâches génériques d'un processus ECD ?
- Comment ces tâches génériques sont spécialisées en fonction du contexte et du domaine d'application ?
- Qu'elles sont les étapes du processus d'ECD et leur enchainement selon CRISP-DM ?
- Pour chaque étape qu'elles sont les méthodes à utiliser pour accomplir la tâche d'analyse ?
- A quelle étape agit une méthode donnée ?
- Qu'elles sont les sous méthodes qui, une fois exécutées ensemble, réaliseront le travail de la méthode mère ?
- Il est évident que chaque méthode a des pré-conditions, lesquelles ?
- Chaque méthode a des effets et des post-conditions qu'on veut connaître ?
- Quelles méthodes sont implémentées par le système Weka, et d'autres outils ?
- ….

4.2.3. Conceptualisation

Dans cette phase les connaissances sont structurées dans un modèle conceptuel. Ceci nécessite les sous-étapes suivantes : Tout d'abord on établit un dictionnaire complet des termes

Chapitre 4 – Modèle tâche et méthode **89**

(concepts, instances, propriétés) et leurs sémantiques. A partir de ce dictionnaire on dégage une première hiérarchie des concepts (taxonomie) en se basant sur la relation de subsomption « is_a ». Puis on enrichie la taxonomie avec les relations non taxonomiques.

La conceptualisation de notre ontologie a été réalisée en plusieurs cycles qui ont démarré avec des termes généraux du domaine (données, méthodes, étapes...), et où de nouveaux concepts et relations ont été identifiés au fur et à mesure de l'évolution de l'ontologie, jusqu'à ce que nous nous sommes arrivés au résultat d'une taxonomie générale (figures 4.10 et 4.13).

Le vocabulaire de notre ontologie dérive de quatre concepts fondamentaux : jeu de données (*DataSet*), processus d'ECD (*KDDProcess*), méthode d'ECD (*KDDMethod*), et résultat (*Output*).

- **DataSet :** Le concept (ou classe) DataSet représente l'ensemble des données manipulées dans un processus d'ECD. Ceci inclus le jeu de données initiales entrées du processus, les données sélectionnées pour l'exécution d'une méthode de fouille particulière et les données résultantes de l'exécution d'une méthode de transformation particulière. Les sous classes de ce concept décrivent la structure des données en termes d'attributs et valeurs, et les conditions d'exécution des méthodes.
- **KDDProcess :** Ce concept décrit le processus d'ECD en termes de phases, tâches et activités. Il représente la structure du processus d'ECD.
- **KDDMethod :** Représente la méthode choisie pour accomplir la tâche de l'étape courante du processus d'ECD. Les méthodes peuvent être décomposées pour obtenir un raffinement de méthodes dans une hiérarchie d'agrégation ou de subsomption.
- **Output :** Représente le résultat d'une méthode d'ECD. Il concerne soit le modèle généré par une méthode de fouille de données, ou les transformations effectuées sur les données après application d'une méthode de transformation.

En ce qui concerne les propriétés de l'ontologie, elles sont de deux types : les « *data properties* » et les « *object properties* ». Les principales « object properties » (ou relations) reliant les concepts sont :

- **is_a :** relation de spécialisation/généralisation.
- **hasPart :** relation d'agrégation.
- **hasNext :** relation définissant l'enchaînement des étapes du processus, et l'enchaînement des tâches au sein d'une même étape.

- **hasInput** : relation définissant l'entrée d'une méthode d'ECD.
- **hasOutput** : relation définissant la sortie d'une méthode d'ECD ou le résultat d'une tâche d'extraction.

L'étape suivante en conceptualisation consiste à développer la hiérarchie des classes et relations (taxonomie). Dans ce qui suit nous présentons les deux parties de l'ontologie OntoECD à travers de petites taxonomies partielles permettant de définir la sémantique des concepts et des relations et qui vont être fusionnées dans une taxonomie générale.

4.2.3.1. OntoECD pour CRISP-DM

L'objectif principal de cette partie est de guider les utilisateurs d'ECD à travers la conception de processus d'ECD selon la méthodologie CRISP-DM, et de fournir des informations détaillées concernant la structure du processus, les tâches à réaliser dans chaque étape indépendamment du domaine d'application et des outils d'exécution. En effet, OntoECD pour CRISP-DM peut être vue comme un méta-modèle décrivant la sémantique, la structure et les propriétés des éléments constituant un processus d'ECD (Bézivin, 2005).

4.2.3.2. Sémantique des concepts et des relations

Le modèle de processus d'ECD CRISP-DM se présente comme un modèle hiérarchique composé d'un ensemble de tâches décrites selon quatre niveaux d'abstraction (du plus général au plus spécifique) (figure 4.5) : le niveau phases, le niveau tâches génériques, le niveau tâches spécifiques, et le niveau instances de processus (Chapman et al., 1999).

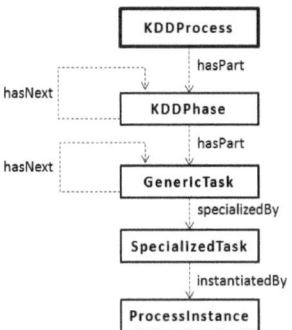

Figure 4.5. *Tâches et niveaux d'abstraction*

Au niveau le plus haut, un processus d'ECD est composé d'un ensemble de phases (*KDDProcess hasPart KDDPhase*). Une phase est un concept de haut niveau décrivant une

Chapitre 4 – Modèle tâche et méthode   91

partie du processus, et consiste en un ensemble de tâches connexes. Une phase du processus peut être une des six phases du modèle de référence représentées sur la figure 4.6 (ex. *BusinessUnderstanding is_a KDDPhase*).

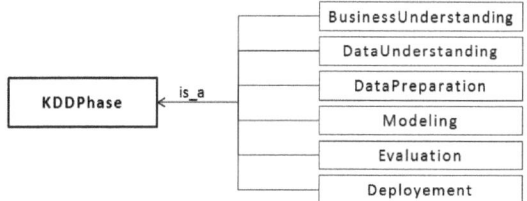

Figure 4.6. *Les six phases d'un processus d'ECD*

Au deuxième niveau d'abstraction, chaque phase est composée d'un ensemble de tâches génériques (*KDDPhase hasPart GenericTask*). Une tâche est un concept décrivant une série d'activités produisant chacune des résultats (figure 4.7). Ces tâches sont dites génériques, car elles sont suffisamment générales pour couvrir toutes les situations possibles d'extraction de connaissances. En particulier, ce niveau est indépendant du domaine d'application et des outils d'exécution.

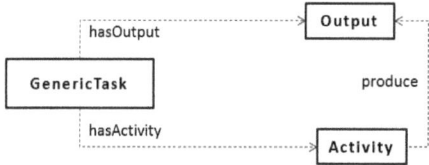

Figure 4.7. *Le concept tâche générique*

Le processus d'ECD est par nature itératif, et la séquence des phases et des tâches n'est pas stricte. Des boucles et feedbacks entre les différentes phases sont toujours requis. La relation *hasNext* (figure 4.5) permet de définir des itérations et l'enchaînement entre les phases et les tâches génériques d'un processus d'ECD. Par ailleurs, nous notons que CRISP-DM ne suggère pas un ordre fixe des phases et des tâches d'un processus d'ECD.

Au troisième niveau, chaque tâche générique est spécialisée par un ensemble de tâches spécifiques (*GenericTask specializedBy SpecializedTask*). Une tâche spécifique est une tâche pour laquelle on fait des hypothèses spécifiques dans des contextes spécifiques de fouille de données. Le concept tâche spécifique décrit comment des activités relatives à une tâche générique doivent être effectuées dans des situations spécifiques. Par exemple « *clean data* » est décrite par CRISP-DM comme une tâche générique (voir annexe 2). Cette tâche peut être spécialisée par « *remove robot requests* » et « *remove requests to image files* » dans le cas du nettoyage (prétraitement) des fichiers log HTTP (Tanasa, 2005).

Au quatrième niveau, chaque tâche spécifique est instanciée par un ensemble d'instances de processus (*SpecializedTask instanciatedBy ProcessInstance*) qui peuvent être soit l'exécution d'une méthode d'ECD ou une décision faite par l'analyste (figure 4.8). L'exécution d'une méthode d'ECD (*KDDMethod*) est mise en œuvre par la composition d'un ou plusieurs opérateurs. Ces opérateurs seront décrits dans la deuxième partie de l'ontologie OntoECD.

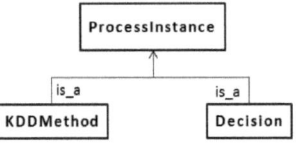

Figure 4.8. *Le concept Instance de processus*

Chaque activité au cours d'un processus d'ECD produira une sortie (*Output*), et peut faire l'objet d'un ou plusieurs conseils (*Advice*). Quelques conseils génériques sont proposées dans le guide de l'utilisateur CRISP-DM (Chapman et al., 1999). Par exemples : « *Certaines connaissances sur les données peuvent être de sources non électroniques (personnes, texte imprimé, etc.)* » relatif à l'activité de collection de données, « *utiliser les outils de visualisation pour détecter les incohérences de données* » relatif à l'activité de vérification de la qualité des données.

Une des clés de succès de CRISP-DM est que le modèle de processus est indépendant du domaine d'application et des outils d'exécution. Le mapping entre le niveau générique et le niveau spécifique est géré par un contexte d'ECD (*KDDProcess hasContext KDDContext*). Un contexte d'ECD est défini par un ensemble de dimensions (figure 4.9) : le *domaine d'application, l'objectif opérationnel d'ECD*, la *tâche d'ECD*, et les *outils et considérations techniques* pour exécuter le processus.

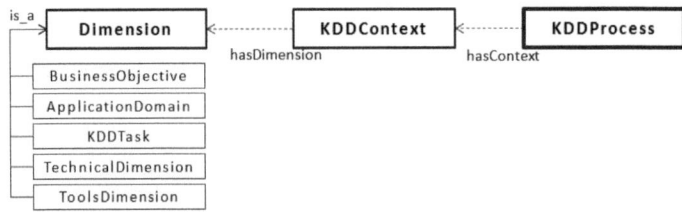

Figure 4.9. *Contexte d'exécution d'un processus d'ECD*

Chapitre 4 – Modèle tâche et méthode 93

4.2.3.3. Taxonomie de l'ontologie OntoECD pour CRISP-DM

La figure 4.10 suivante présente la taxonomie de la structure de base d'un processus d'ECD conformément au modèle de référence CRISP-DM, après fusion des taxonomies partielles détaillées précédemment :

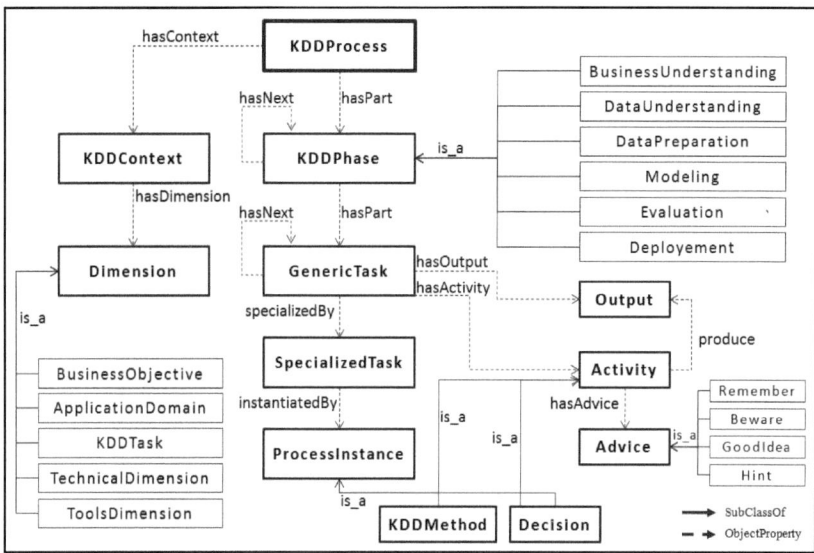

Figure 4.10. *Patrie de la taxonomie de l'ontologie OntoECD pour CRISP-DM : structure de base d'un processus d'ECD conformément au modèle de référence CRISP-DM*

4.2.3.4. OntoECD pour Data Mining

La deuxième partie de notre ontologie OntoECD est principalement basée sur les méthodes et les algorithmes proposés par l'outil Weka. Elle capture et formalise la partie exécution d'un processus d'ECD. L'objectif principal de cette partie est d'aider les utilisateurs à choisir, paramétrer et exécuter les méthodes les plus appropriées pour une tâche de fouille donnée.

4.2.3.5. Sémantique des concepts et des relations

La classe (ou concept) *KDDMethod* représente les méthodes d'ECD (appelées aussi Operateurs dans d'autres ontologies) qui peuvent être exécutées (sur un environnement logiciel tel que Weka ou RapidMiner) pour réaliser une tâche donnée durant une des étapes du processus d'ECD (figure 4.11). Par exemple « *J48* » est une méthode de classification, implémentation de l'algorithme C4.5, qui permet de générer un arbre de décision sous Weka

(Witten et al., 2000). C'est donc une instance de la classe KDDMethod pour la tâche de classification durant la phase de modélisation (fouille de données).

Chaque méthode d'ECD dispose d'un ensemble de paramètres qu'il faut configurer avant l'exécution (*KDDMethod hasParameter Parameter*). Par exemple « J48 » a « *confidenceFactor* » et « *minNumObj* » comme paramètres.

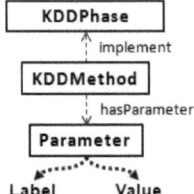

Figure 4.11. *Méthode d'ECD et paramètres*

Les méthodes d'ECD sont structurées dans une hiérarchie de subsomption en fonction de l'étape du processus et de la tâche générique à réaliser (figure 4.12) :

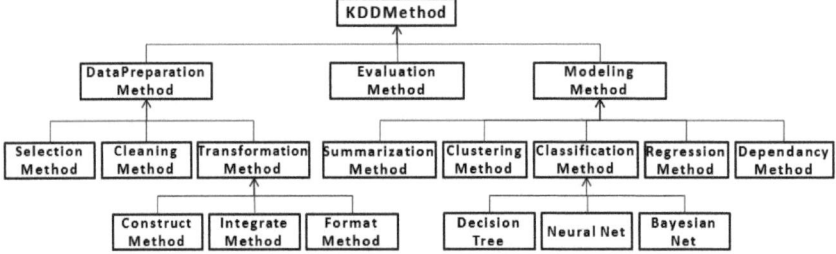

Figure 4.12. *Taxonomie des méthodes d'ECD*

Une Méthode d'ECD prend en entrée un jeu de données (*KDDMethod hasInput DataSet*), et génère une sortie (*KDDMethod hasOutput Output*) qui peut être les données après transformation ou un modèle. Par exemple les méthodes de prétraitement transforment les données (nettoyage, sélection, agrégation …), alors que les méthodes de fouille génèrent des modèles prédictifs ou descriptifs des données (arbres, associations, clusters …).

Un jeu de données est composé d'un ensemble d'attributs qui peuvent être *Nominal, Numeric* ou *Binary*. Et peut contenir des valeurs manquantes (*MissingValues*) ou des valeurs aberrantes (*Outliers*). Chaque méthode à des pré-conditions sur les données en entrées qui doivent être vérifiées avant exécution. Par exemple, la méthode « *ID3* » ne traite que des données nominales sans valeurs manquantes (Witten et al., 2000).

La figure 4.13 suivante présente une partie de la taxonomie des méthodes d'ECD, leurs entrées / sorties et les conditions d'exécution :

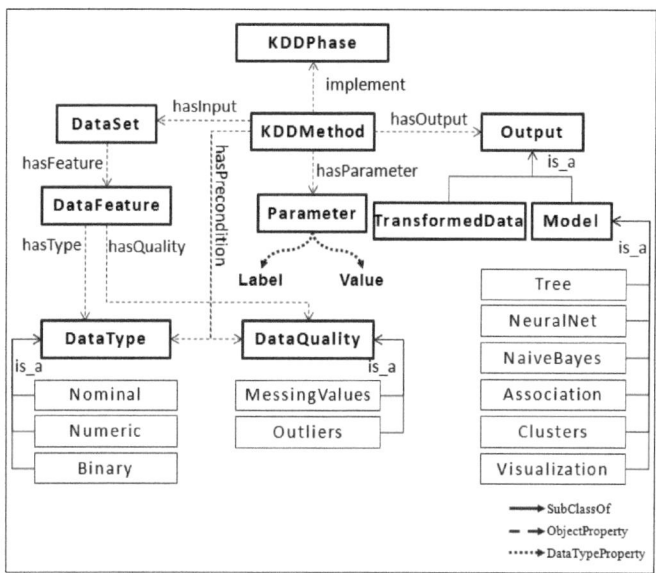

Figure 4.13. *Partie de la taxonomie de l'ontologie OntoECD pour Data Mining : Méthodes d'ECD, entrées/sorties et conditions d'exécution.*

Une taxonomie générale fusionnant les deux parties de l'ontologie est donnée en annexe 1.

Après cette phase de conceptualisation de l'ontologie OntoECD, qui est au cœur du cycle de vie, passons à présent à la phase d'intégration.

4.2.4. Intégration

Pour accélérer le processus de développement de l'ontologie et se conformer à l'existent, plusieurs ontologies du domaine de l'ECD ont été analysées comme décrit dans la section x de ce chapitre. Ainsi, suite à cette analyse nous avons réutilisé un ensemble de concepts, de relations et de définitions déjà développées à l'intérieur de ces ontologies.

Par exemple, la hiérarchie des méthodes d'ECD est réutilisée à partir de KDDONTO (Behja, 2009) et DAMON (Cannataro and Comito, 2003). Le concept DataSet et ces propriétés sont réutilisés à partir de KDDONTO (Diamantini et al. 2009). Quelques concepts génériques tels que DataType, Model, sont réutilisés à partir de OntoDM (Panov et, 2008).

4.2.5. Formalisation / Implémentation

La formalisation consiste à implémenter l'ontologie dans un langage formel. Dans cette phase on fait généralement recourt à un Framework de développement d'ontologies qui offre principalement : un éditeur, un navigateur et des outils d'analyse syntaxique.

L'ontologie OntoECD est exprimée en OWL-DL (Web Ontology Language) et est développée en utilisant l'éditeur d'ontologies Protégé. Elle se compose de trois éléments principaux: les classes, une structure hiérarchique de classes (relations is-a) et des relations (autres que les relations is-a) entre les instances. Ainsi, pour implémenter notre ontologie OntoECD sous Protégé nous avons suivi les étapes suivantes : définition des classes, arrangement des classes en une hiérarchie taxonomique (sous-classe, super-classe), définition des propriétés, et définition des instances (ou individus).

Le fragment de code présenté sur la figure 4.14, sérialisé dans la syntaxe RDF/XML[27], montre le code d'un ensemble de classes de l'ontologie (*KDDProcess*, *KDDPhase* et ses sous-classes, *GenericTask* et *SpecializedTask*), la relation *specializedBy* et sa relation inverse *specialize*.

```
<Ontology rdf:about="http://www.ensam-umi.ac.ma/wrum/OntoECD.owl"/>
    <Class rdf:about="&OntoECD;KDDProcess"/>
    <Class rdf:about="&OntoECD;KDDPhase"/>
    <Class rdf:about="&OntoECD;GenericTask"/>
    <Class rdf:about="&OntoECD;SpecializedTask"/>
    <Class rdf:about="&OntoECD;BusinessUnderstanding">
        <rdfs:subClassOf rdf:resource="&OntoECD;KDDPhase"/>
    </Class>
    <Class rdf:about="&OntoECD;DataUnderstanding">
        <rdfs:subClassOf rdf:resource="&OntoECD;KDDPhase"/>
    </Class>

    <ObjectProperty rdf:about="&OntoECD;specializedBy">
        <rdfs:domain rdf:resource="&OntoECD;GenericTask"/>
        <rdfs:range rdf:resource="&OntoECD;SpecializedTask"/>
        <inverseOf rdf:resource="&OntoECD;specialize"/>
    </ObjectProperty>

    <rdf:Description>
        <rdf:type rdf:resource="http://www.w3.org/2002/07/owl#AllDisjointClasses"/>
        <members rdf:parseType="Collection">
            <rdf:Description rdf:about="&OntoECD;BusinessUnderstanding"/>
            <rdf:Description rdf:about="&OntoECD;DataPreparation"/>
            <rdf:Description rdf:about="&OntoECD;DataUnderstanding"/>
            <rdf:Description rdf:about="&OntoECD;Deployement"/>
            <rdf:Description rdf:about="&OntoECD;Evaluation"/>
            <rdf:Description rdf:about="&OntoECD;Modeling"/>
        </members>
    </rdf:Description>
```

Figure 4.14. *Aperçu du code OWL de l'ontologie OntoECD*

---

27. W3C, "RDF/XML Syntax Specification (Revised)", W3C Recommendation 10 February 2004.

Les autres classes et relations de l'ontologie OntoECD sont formalisées d'une manière similaire.

Le code OWL de l'ontologie OntoECD est accessible via son URI : http://www.ensam-umi.ac.ma/wrum/OntoECD.owl

Dans l'annexe 1 nous présentons quelques visualisations de l'ontologie à l'aide de plugins de Protégé.

4.2.6. Evaluation de l'ontologie

Selon la méthodologie METHONTOLOGY, l'évaluation de l'ontologie consiste à effectuer un jugement technique de l'ontologie, de son environnement logiciel et la documentation de toutes les phases de son cycle de vie par rapport à la spécification des besoins. L'évaluation inclut la validation et la vérification.

Le processus de validation assure que l'ontologie représente effectivement les connaissances du domaine défini dans la phase de spécification. Pour valider l'ontologie, il est commun d'avoir l'avis de l'expert de domaine, mais aussi de valider l'ontologie à travers un environnement logiciel associé. L'outil logiciel associé à notre ontologie OntoECD fera l'objet de la section suivante.

Le processus de vérification permet d'assurer l'exactitude de l'ontologie, en particulier la consistance et l'intégrité. Dans cette étape, il est commun d'utiliser des moteurs d'inférences tels que Pellet[28], Jena[29], HermiT[30] ou FACT++[31]. Pour la vérification de notre ontologie nous avons utilisé FaCT++, un OWL reasoner intégré comme plugin dans l'outil Protégé.

En utilisant FaCT++, nous avons vérifié si l'ontologie contient des inconsistances. Ces inconsistances sont relatives à la position des classes dans la taxonomie (classes dans la même hiérarchie alors qu'elles sont disjointes), aux classes qui ne peuvent pas avoir d'instances, aux relations entre classes (range et domain incohérents), aux types d'attributs (literal, numeric, ...), ou à l'application d'une règle d'inférence. La figure suivante présente une partie de la hiérarchie des classes de l'ontologie OntoECD après vérification, ainsi que des classes d'équivalence inférées grâce à FaCT++.

---

[28]. Pellet: OWL 2 Reasoner for Java, http://clarkparsia.com/pellet/
[29]. Apache Jena – Java framework for building Semantic Web applications, http://jena.apache.org/
[30]. HermiT OWL Reasoner, http://www.hermit-reasoner.com/
[31]. FaCT++, "Fact++ OWL-DL reasoner," http://owl.man.ac.uk/factplusplus/

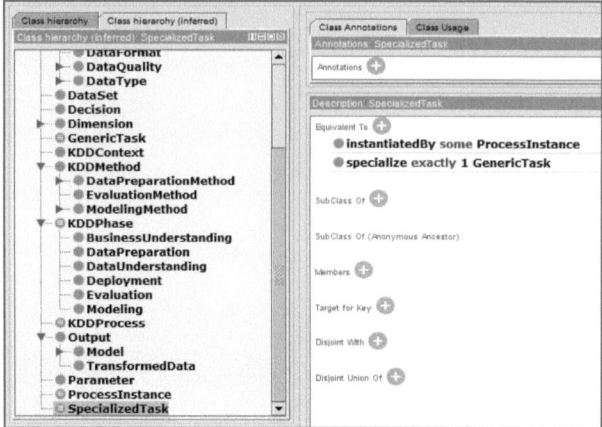

Figure 4.15. *Hiérarchie de classes et inférence à l'aide de FaCT++*

4.2.7. Opérationnalisation de l'ontologie OntoECD

Nous décrivons dans cette partie la réalisation d'un outil d'édition et d'exploitation de l'ontologie OntoECD. Cet outil est développé en Java en se basant sur l'API Jena et son moteur SPARQL[32] (protocole et langage de requêtes pour RDF, recommandation du W3C). Notre outil est divisé en deux volets : édition et exploitation de OntoECD.

Les étapes du processus d'ECD et les méthodes implémentés sur cet outil sont celles disponibles sous Weka. Nous avons choisi Weka vu sa simplicité, sa documentation et son utilisation de référence dans le monde universitaire. Mais l'ouverture de notre ontologie (en particulier sur les étapes de CRISP-DM et sur d'autres outils logiciels) est assurée par le fait qu'on peut y intégrer des instances (algorithmes) provenant d'autres systèmes d'ECD.

4.2.7.1. Editeur de l'ontologie

Le processus d'ECD implémenté sous Weka consiste en trois phases : le prétraitement, la fouille de données (ou Data Mining) et le post-traitement. Sans oublier aussi la nature des données sur lesquelles nous allons appliquer l'analyse.

Alors, quatre onglets sont nécessaires pour notre éditeur. Le premier onglet (figure 4.16) permet d'afficher et de sélectionner les types de source de données. Le deuxième onglet permet d'afficher les méthodes de prétraitement de données en utilisant quelques filtres. Le troisième onglet pour afficher les différentes techniques de la méthode de Data Mining (c'est

---

32. SPARQL Query Language for RDF, http://www.w3.org/TR/rdf-sparql-query/

la fouille de données qui représente le cœur du processus d'ECD). Le quatrième onglet propose les différents formats de sortie que l'analyste peut choisir comme post-traitement des résultats selon les types s'attributs (numériques, nominales, et valeurs manquantes).

Dans l'onglet d'affichage de Data Source (figure 4.16) l'éditeur propose à l'utilisateur de mentionner le type de source de données sur lesquelles agit la méthode choisie. Notre ontologie supporte trois formats de fichiers sources .Arff, .CSV ou .txt. Une connexion à une base de données relationnelle est envisageable aussi en utilisant les drivers JDBC adéquats.

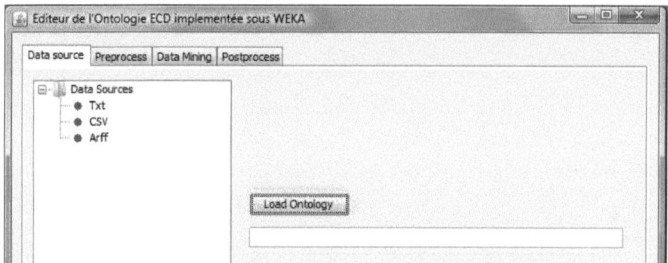

Figure 4.16. *Interface de sélection de source de données*

L'interface Data Source propose aussi à l'utilisateur de charger l'ontologie à partir de laquelle il va récupérer les connaissances du domaine d'ECD (c.à.d. le fichier OWL).

Dans l'interface Preprocess (figure 4.17), l'utilisateur découvre les sous classes et les instances de la méthode de prétraitement de données. A travers cette interface l'expert d'ECD peut : Ajouter une nouvelle instance, supprimer une instance, ou mettre à jour une instance. Bien sûr toutes ces opérations ont un effet immédiat sur le fichier OWL de l'ontologie et sur l'interface.

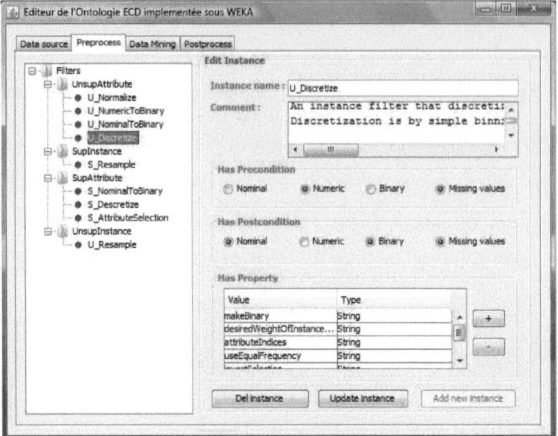

Figure 4.17. *Interface d'édition des méthodes de prétraitement des données*

Dans l'onglet Data Mining (figure 4.18), on affiche toutes les méthodes et les instances dans une forme arborescente tout en permettant à l'analyste d'ECD d'ajouter, supprimer ou mettre à jour les instances des méthodes de fouille de données.

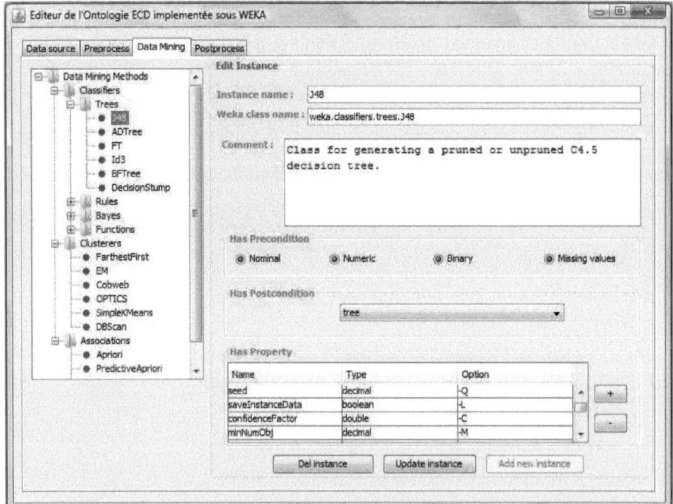

Figure 4.18. *Interface d'édition des méthodes de fouille de données*

L'onglet Postprocess propose à l'utilisateur les différents formats de visualisation des patterns extraits selon le type de données en sortie des étapes de prétraitement et de fouille.

4.2.7.2. Exploitation de l'ontologie

L'objectif de la deuxième partie de notre outil est de guider un utilisateur d'ECD à travers la construction d'un plan d'exécution (processus d'ECD) valide et l'exécuter automatique sous Weka. Cette assistance de l'utilisateur est basée sur l'interrogation de notre ontologie à l'aide de requêtes SPARQL afin de choisir les méthodes les mieux adaptées en fonctions de la tâche et des données sélectionnées par l'utilisateur.

L'utilisation de cet outil sera détaillée dans le chapitre 7 à travers une étude de cas.

4.3. Principales ontologies pour le processus d'ECD

Plusieurs travaux ont adressé la complexité du processus d'ECD avec différentes approches pour supporter les utilisateurs (novices ou experts) d'ECD. La plupart de ces approches proposent une formalisation ontologique des connaissances du domaine d'ECD.

L'une des premières ontologies proposées pour assister les utilisateurs d'ECD fut l'ontologie Damon (Data Mining ONtology) (Cannatro and Comito, 2003). Elle a été conçue pour simplifier le développement d'applications de fouille de données distribuées sur des grilles de calcul. L'ontologie Damon se présente comme une taxonomie permettant de découvrir les tâches, les méthodes et les outils jugés plus approprié pour un objectif de fouille donné. Le problème de cette ontologie est qu'elle ne concerne que la phase de fouille de données (data mining), et ne couvre pas tout le processus d'ECD.

Diamantini et al. (2009) propose KDDONTO, une ontologie de domaine d'ECD décrivant les algorithmes d'ECD et leurs interfaces. KDDONTO est développé dans le cadre d'un projet KDDVM (KDD virtuelle Mart), qui est un système à base de Web Services qui vise à assister les utilisateurs dans la conception et la réutilisation de processus de KDD valides (cf. chapitre 1). Les concepteurs de cette ontologie mettent l'accent sur les techniques et outils de fouille de données, leurs entrées/sorties, et les conditions pour les composer, plutôt que sur la structure d'un processus d'ECD.

L'ontologie OntoDM est proposée par Panov et al. (2008) comme une ontologie générique, de haut niveau, à usage général, visant à combiner les efforts pour décrire et formaliser les connaissances du domaine d'ECD. Cette ontologie a l'avantage de se conformer aux meilleures pratiques de l'ingénierie ontologique (comme l'interdiction de l'héritage multiple de classes, l'utilisation d'un ensemble prédéfini de relations). Mais elle reste trop générique et ne suit pas un modèle de processus standard d'ECD.

Dans le cadre du projet européen e-LICO (e-Laboratory for Interdisciplinary Collaborative Research in Data Mining and Data-Intensive Science), l'ontologie DMWF-DMOP a été développée pour traiter le problème de la conception collaborative et le partage des Workflows de data mining (Hilario et al., 2011).

D'autres ontologies existent dans la littérature, mais sont, dans la plupart des cas, proposées comme des petites taxonomies conçus dans un contexte et pour un but bien précis.

Le tableau suivant résume les résultats d'une comparaison entre les ontologies présentées ci-dessus et notre ontologie OntoECD :

Tableau 5. *Analyse comparative des principales ontologies pour le processus d'ECD*

	DAMON	KDDONTO (Diamantini)	OntoDM	DMWF-DMOP	KDDONTO (Behja)	OntoECD
Modèle de processus	-	ECD à 3 étapes	ECD à 3 étapes	CRISP-DM	ECD à 3 étapes	CRISP-DM
Etapes du processus	Data mining	Prétraitement Modélisation Post-traitement	Prétraitement Data mining Post-traitement	Préparation des données Modélisation Evaluation	Prétraitement Data mining Post-traitement	Les 6 étapes du modèle CRISP-DM
Niveau de formalisation	Taxonomique Formel	Opérationnel	Formel - Générique	Opérationnel	Semi-formel	Opérationnel
Langage	DAML+OIL	OWL-DL	OWL-DL	OWL-DL	OWL-DL	OWL-DL
Reasoner	-	Pellet	Pellet	Flora2+XSB	-	Fact++
Complétude	52 Concepts	15 algorithmes implémentés	-	> 100 Opérations	45 Concepts	> 200 Opérations (Toutes les opérations de Weka 3.6)
Extensibilité	-	Web Services	-	Collaborative	A travers un éditeur de l'ontologie	A travers un éditeur de l'ontologie
Objectifs	simplifier le développement d'applications de fouille de données distribuées sur des grilles de calculs	Découverte et composition de méthodes d'ECD sous forme de Web Services	Ontologie de domaine à usage générique	Conception collaborative et partage de Workflows d'ECD	Modèle tâche et méthode qui décrit la connaissance du domaine de l'analyste d'ECD	Assister un utilisateur d'ECD dans la conception de plans d'exécution valides selon le modèle de référence CRISP-DM, Et dans le choix, le paramétrage et l'exécution des méthodes d'ECD sur des outils libres

Note : (-) non décrit dans la littérature.

4.4. Synthèse

Pour appréhender la complexité du processus d'ECD et assister ses utilisateurs, nous avons présenté dans ce chapitre l'ontologie OntoECD. L'ontologie OntoECD est une ontologie générique du domaine de la tâche d'extraction des connaissances à partir de données. Elle est basée sur le modèle de référence CRISP-DM, et sur les outils libres d'ECD (principalement la bibliothèque de méthodes Weka). OntoECD est composée de deux parties interdépendantes : OntoECD pour CRISP-DM et OntoECD pour Data Mining.

Nous avons proposé aussi un outil permettant d'éditer et d'exploiter OntoECD. L'exploitation de l'ontologie à été mise en évidence à travers une étude de cas concernant l'analyse de données pédagogiques à l'ENSAM qui sera détaillées dans le chapitre 7.

Chapitre 5

Modèle du point de vue en ECD

Dans ce chapitre nous allons développer notre approche de point de vue en ECD. Nous allons dans un premier temps fixer une définition de travail pour la notion de point de vue en ECD et expliciter les objectifs que nous nous somme donnés par rapport à cette définition. Par la suite, en se basant sur le modèle de référence CRISP, nous proposons une caractérisation multi-critères du point de vue par un ensemble de critères génériques que nous formalisons sous forme d'un modèle ontologique de point de vue en ECD.

5.1. Définition du point de vue en ECD

La notion de point de vue est une notion polysémique utilisée dans différents domaines de l'informatique et de la modélisation des systèmes d'information. Comme ça été discuté dans le chapitre 2, le mot point de vue (et vue) prend son sens dans un contexte particulier d'utilisation. Ainsi, avant d'exposer notre définition de travail, nous définissons d'abord notre contexte d'utilisation de la notion de point de vue.

5.1.1. Contexte d'utilisation

Contrairement au contexte de la modélisation orientée objet (où le mot point de vue est utilisé pour capturer et modéliser les différentes visions sur un même objet par les différents acteurs d'un système), notre utilisation de la notion de point de vue s'inscrit principalement dans un contexte d'ingénierie des connaissances d'un processus d'ECD mené par plusieurs analystes acteurs du processus (experts de domaine, experts d'ECD, experts de données...). Notre intérêt est de capturer et de formaliser les connaissances mises en œuvre par chaque analyste lors de l'exécution d'un processus d'ECD, de garder une trace du raisonnement et des principales décisions prises par l'analyste (sélection de données, choix de méthodes et des outils...) afin d'assurer une coordination et compréhensibilité entres acteurs. De plus, à travers la formalisation des points de vue des différents acteurs d'une analyse multi-vues, nous souhaitons pouvoir comparer et réutiliser ces points de vue. C'est pourquoi nous introduisons par la suite une caractérisation multi-critères du point de vue en ECD.

5.1.2. Définition de travail

Selon le domaine et le contexte d'utilisation, la définition du mot point de vue varie (cf. section 2.1). Ribière (Ribière et al., 2002) propose une classification des définitions du concept point de vue en deux catégories qui correspondent à deux interprétations possibles : perspective et opinion. Les points de vue perspectives font référence aux différentes positions conceptuelles des experts par rapport à un objet donnée (l'objet en question peut être une partie d'un système, un problème, ou des connaissances...). Ce qui permet « *d'indexer des descriptions* **consensuelles** *d'un même objet par différents experts* », et aussi d'accéder à un sous ensemble d'informations ou de connaissances pertinentes selon un point de vue donnée. Les points de vue opinions quant à eux font référence à des *avis donnés par des experts sur un*

Chapitre 5 – Modèle du point de vue **107**

objet. La notion d'opinion est souvent en relation étroite avec l'expert et tient compte de son expérience, ses connaissances, ses tâches, etc. Ainsi, les points de vue opinions sont généralement **non consensuels**.

Faisant suite aux travaux de Behja (Behja et al., 2005, 2009), nous proposons de rendre explicite et formelle la notion de point de vue en ECD. En effet un processus d'ECD est un processus complexe (système complexe) le plus souvent mené par plusieurs experts (donc multi-vues) (voir exemple de la figure 3). La définition que nous proposons pour la notion de point de vue en ECD se place principalement dans une approche ingénierie des connaissances (connaissances mises en œuvre lors d'une analyse d'ECD) et prend en considération les deux facettes, perspective et opinion, définies par Ribière. Notre objectif est de modéliser le point de vue en ECD et de capturer la sémantique d'un processus d'ECD en termes de point de vue. Nous reprenons donc l'approche de Behja et el., qui stipule que « *un point de vue du processus d'ECD décrit une vision particulière qu'a l'analyste sur son raisonnement et/ou sur les données manipulées* » (Behja et al., 2009). Cependant, nous souhaitons spécifier un peu mieux le point de vue de l'analyste (à l'aide de critères génériques) pour pouvoir le *comparer*, le *partager* et le *réutiliser*. Ainsi, nous proposons la définition suivante :

> **Définition :** *Un point de vue en ECD est une interface permettant (1) d'accéder à un sous-ensemble de connaissances de domaine (domaine analysé et domaine de l'analyste) et conduisant l'analyste à atteindre son objectif d'analyse, et (2) de capturer la logique du raisonnement et la trace des décisions prises par l'analyste lors d'une analyse d'ECD (i.e. capturer la sémantique du processus en termes du point de vue de l'analyste).*

Ainsi le point de vue de l'analyste lui permet de filtrer les connaissances expertes pertinentes selon sa vision sur (1) les données analysées, (2) le domaine d'application, et (3) le domaine d'ECD (tâches, méthodes, fonctions et outils d'ECD), et aussi selon son objectif de l'étude. En termes de réutilisation du processus d'ECD, le point de vue constitue un filtre permettant à un utilisateur de ne pas être perdu dans l'ensemble des cas de processus possibles, le point de vue offre des informations et les valeurs des critères pertinents selon la vision de l'utilisateur.

Pour positionner notre définition par rapport aux définitions présentées dans le chapitre 2, nous pouvons affirmer que notre définition des points de vue tient compte de : (1) la perspective (en tant que position conceptuelle) qu'a l'analyste sur les connaissances de domaine, ce qui lui donne accès (lui permet de filtrer) aux connaissances pertinentes selon son point de vue ; (2) l'opinion (en tant que avis ou expérience) de l'analyste capturé lors de

Chapitre 5 – Modèle du point de vue 108

l'exécution d'un processus d'ECD, ce qui permet de garder la trace et la sémantique de cette exécution en termes de point de vue [et de vues].

Dans la section suivante, nous allons procéder à une caractérisation multi-critères du point de vue en ECD en se basant sur le modèle de référence CRISP-DM. Une caractérisation qui sera formalisée en un modèle ontologique de point de vue.

5.2. Critères génériques d'un point de vue en ECD

Lors de la spécification de son point de vue, l'analyste va s'appuyer sur l'instanciation d'un ensemble de critères génériques que l'on peut décliner selon trois composantes: domaine analysé, domaine de l'analyste et contexte de l'analyse (figure 5.1) :

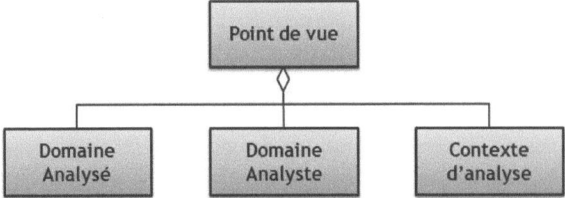

Figure 5.1. *Composantes d'un point de vue en ECD*

Pour identifier ces trois composantes du point de vue, nous nous sommes inspirés des points de vue de la cybernétique de second ordre : objet observé, observateur et contexte d'observation (Ben Ahmed, 2005). Il s'agit d'une vision systémique du processus d'ECD multi-vues que l'on analyse selon trois points de vue : point de vue domaine analysé (l'objet observé), point de vue domaine de l'analyste (l'observateur), et point de vue contexte d'analyse (contexte d'observation).

- **Point de vue domaine analysé** : correspond au système ou domaine d'application étudié. Dans notre contexte par exemple, le domaine analysé correspond à l'enseignement à distance. Ce point de vue concerne les connaissances statiques sur le domaine (et les données) qui sont indépendantes de la tâche d'extraction (classification, clustering, associations, ...).

- **Point de vue domaine de l'analyste** : ce point de vue concerne tout ce qui est propre à la résolution du problème de l'extraction et les connaissances mises en œuvre par l'analyste [expert] pour cette résolution. Il intègre donc le processus de résolution à travers les différentes décisions faites par l'analyste (choix des méthodes d'ECD, leur paramétrage et composition, évaluation des modèles et leur déploiement).

- **Point de vue contexte d'analyse** : ce point de vue concerne les objectifs opérationnels du problème [projet] de l'extraction et l'environnement dans lequel se déroule le processus d'ECD.

Notons enfin la relation de composition dans la figure 5.1 qui stipule que la spécification du point de vue d'un analyste passe nécessairement par la définition de sa vision sur le domaine analysé, la définition de ces choix et décisions, et la définition de son objectif d'analyse.

5.2.1. Caractérisation multi-critères du point de vue en ECD

Un point de vue est exprimé en termes d'un ensemble de critères génériques. « *Un critère détermine une partie de la caractérisation d'un point de vue [d'un analyste]* ». Les critères du point de vue sont appelés génériques « s'ils ne sont pas instanciés » (Ribière et al., 2002) (par exemple le critère *KDD_Task*, qui définit la tâche d'analyse, est un critère générique), ils sont appelés critères spécifiques s'ils sont instanciés (par exemple *KDD_Task = "Classification"*, qui définit la classification comme la tâche d'analyse choisie, est un critère spécifique). Les critères du point de vue sont génériques aussi dans le sens où ils sont indépendants du domaine d'application et des outils de data mining envisageables.

Notre objectif à présent est d'identifier cet ensemble de critères génériques qui caractérisent un point de vue en ECD, et qui sera considéré comme un *modèle* du point de vue (ou un *patron* de point de vue). Une fois instanciés, ces critères définissent le point de vue d'un analyste, acteur d'un processus d'ECD multi-vues. Un point de vue qui va orienter l'exécution du processus d'ECD, et permettre par la suite de garder la trace du raisonnement effectué pendant un travail collaboratif. Ce qui permettra de faciliter la coordination entre les différents analystes et la réutilisabilité du processus en termes de points de vue.

Pour des raisons de généricité, nous avons jugé utile l'élicitation des critères de point de vue en se basant sur le modèle de référence CRISP-DM. La généricité des critères sera assurée par le niveau d'abstraction et de description du processus d'ECD selon CRISP-DM (figure 5.2).

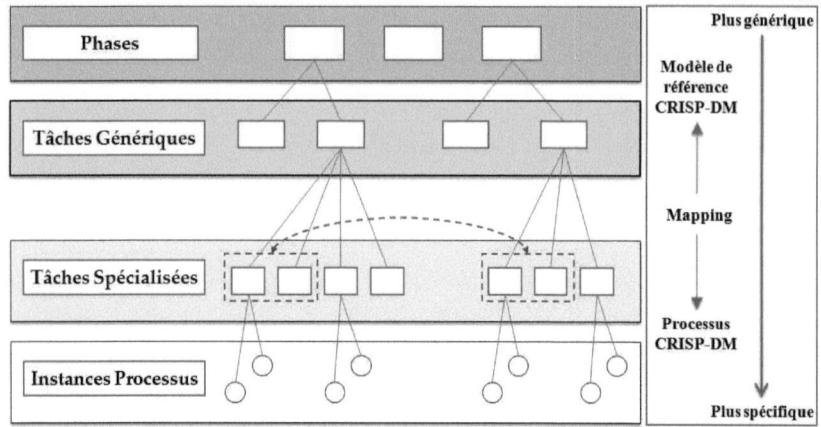

Figure 5.2. *Niveaux d'abstraction dans le modèle de référence CRISP-DM (Chapman et al., 1999)*

En effet, CRISP-DM (CRoss-Industry Standard Process for Data Mining) est un modèle de processus et une méthodologie qui décrit les approches couramment utilisées par les experts pour une bonne conduite de projets décisionnels. Le modèle de référence CRISP-DM est générique, indépendant du domaine d'application et des techniques et outils de data mining. La méthodologie CRISP-DM est décrite sous forme d'un ensemble de tâches structurées en quatre niveaux d'abstraction : phases, tâches génériques, tâches spécifiques et instances de processus (du plus générique au plus spécifique). Au niveau le plus haut, un processus d'ECD selon CRISP-DM est typiquement organisé en six phases (figure 1.5).

Dans chacune des phases du processus, l'analyste doit exécuter un certain nombre de tâches génériques et préparer des livrables (le détail concernant ces tâches et livrables est présenté en annexe 2). Selon les connaissances requises pour chaque tâche, on distingue : ses tâches qui font appel aux connaissances du domaine analysé ; les tâches qui font appel aux connaissances du domaine de l'analyste, son savoir faire et ses compétences ; et les tâches qui font appel aux objectifs poursuivis et aux critères de validation des résultats du processus (les modèles). Cette classification des tâches nous a permis de dresser le tableau des critères génériques objet du paragraphe suivant.

5.2.2. Critères génériques

Le tableau suivant présente une synthèse des critères génériques d'un point de vue en ECD que nous avons élicités à base de CRISP-DM. On y trouve les critères relatifs aux tâches

Chapitre 5 – Modèle du point de vue 111

génériques des six phases du processus d'ECD, ainsi qu'une classification selon les trois composantes du point de vue (voir figure 5.1) :

Tableau 6. *Critères génériques d'un point de vue en ECD selon le modèle de référence CRISP-DM (Zemmouri et al., 2011)*

Phases	Point de vue domaine analysé	Point de vue domaine de l'analyste	Point de vue contexte d'analyse
Compréhension du domaine	• Domaine d'application • Inventaire des ressources • Exigences, hypothèses et contraintes du projet • Risques et incertitudes • Terminologie	• Tâche d'ECD • Critères de réussite de la tâche d'ECD • Plan d'exécution initial • Evaluation initiale des outils et des techniques	• Objectifs du projet (objectifs métiers) • Critères de succès du projet • Coût et bénéfices du projet
Compréhension des données	• Description collecte de données : sources, méthodes, problèmes • Description des données : format, quantité • Qualité des données : incomplètes, manquantes, erreurs	• Exploration des données	
Préparation des données	• Données sélectionnées • Données nettoyées • Données transformées • Données préparées • Description des données	• Méthodes de sélection et paramétrage • Méthodes de nettoyage et paramétrage • Méthodes de prétraitement et paramétrage	
Fouille de données (Modélisation)	• Hypothèses sur les données • Données d'apprentissage, données de teste validation	• Techniques de fouille à utiliser • Procédure de test validation • Paramètres d'exécution des méthodes et outils • Modèles résultats • Description des modèles • Evaluation des modèles	
Evaluation		• Modèles approuvés • Révision du processus • Listes des actions possibles • décisions	• Évaluation des résultats du processus d'ECD par rapport aux critères de succès initiaux
Déploiement		• Plan/stratégie de déploiement • Plan de maintenance • Révision et expérimentation des résultats du processus d'ECD	• Rapport et présentation finals des résultats du processus d'ECD

Le tableau ci-dessus met en évidence quelques-uns des principaux attributs identifiés pour le point de vue en ECD. Pour une liste plus exhaustive de ces attributs, on peut se référer à l'annexe 3.

Dans ce qui suit, nous allons donner des définitions et interprétations de quelques critères les plus pertinents du tableau 6.

Phase de compréhension du domaine :

- **Domaine d'application** (*Business area*) : le critère domaine d'application est utilisé pour différencier les applications possibles d'un projet de fouille de données pour un domaine donnée (par exemples : marketing, finance, production, ingénierie ...). Dans le cas de notre domaine analysé « e-learning », on peut avoir par exemple comme application : sécurité (administrateur), pédagogie (tuteurs), et marketing (gestion des relations apprenants).

- **Objectif du projet** (*Business objective*) : ce critère décrit l'objectif d'un utilisateur d'un point de vue opérationnel (métier). Dans un premier temps ce critère sera donné d'une manière informelle en langage naturel par l'acteur. Par la suite il sera représenté et formalisé à l'aide de modèle de buts (ce point sera détaillé dans le chapitre 6).

- **Tâche d'ECD** (*KDD Task*) : représente la tâche de fouille de données choisie pour traduire l'objectif opérationnel en termes techniques d'ECD. Ce critère peut prendre des valeurs telles que : la description, la classification, la régression, la segmentation, les associations (cf. section 1.2.2).

- **Critères de réussite de la tâche d'ECD** (*KDD Criteria*): Ce critère est utilisé pour définir des attributs pour mesurer la pertinence (précision, performance, complexité) des modèles résultats de la fouille de données (phase de modélisation dans le modèle CRISP-DM). Par exemples : Accuracy, Lift, Precision, Recall ...

Phase de compréhension des données :

- **Format des données** (*data format*) : défini les formats sous lesquelles sont collectées les données pour le projet de fouille. Ce critère peut prendre des valeurs telles que : CSV, ARFF, DB (base de données).

- **Quantité de données** (*data quantity*) : décrit les données colletées d'un point de vue quantitatif. Ce critère est spécialisé par un ensemble de sous-critères : nombre

Chapitre 5 – Modèle du point de vue 113

d'attributs, nombre d'exemples, nombre de classes (dans le cas d'une tâche de classification), nombre d'attributs symboliques, et ratio des dupliquas.

- **Qualité des données** (*data quality*) : décrit les données collectées d'un point de vue qualitatif. Ce critère est spécialisé par un ensemble de sous-critères : valeurs manquantes (has missing values), valeurs inconsistantes ou erronées (has inconsistent values), et valeurs aberrantes (has outliers).

- **Exploration des données** (*data exploration*) : ce critère décrit les données avec des statistiques de base telles que : la moyenne, la valeur maximale, la valeur minimale, la déviation, la variance, etc. Et ce pour chaque attribut des données collectées, et en fonction du type de l'attribut (numérique, nominal, binaire).

La phase de préparation des données :

- **Méthode de sélection de données et paramétrage** (*data selection method*) : dans certaines situations, la taille du jeu de données est très grande pour être traité par un algorithme de fouille. Dans ce cas, ce critère est utilisé pour spécifier la méthode de réduction de données choisie et son paramétrage (par exemple : *random* ou *stratified sampling*).

- **Méthode de nettoyage et paramétrage** (*data cleaning method*) : cet attribut est utilisé pour définir les méthodes choisies pour traiter les valeurs manquantes, erronées ou aberrantes. Exemples de ces méthodes sont : *correct, eliminate, ignore, estimateUsingMean*, etc.

- **Méthode de prétraitement et paramétrage** (*data transformation method*) : certains algorithmes de fouille de données exige un type bien défini d'attributs en entrées (numérique, nominal…). Par exemple l'algorithme ID3 ne permet de traiter que des attributs nominaux. Ce critère est utilisé pour spécifier la méthode de transformation choisie pour adapter les données aux algorithmes de fouille. Exemples de méthodes sont : la normalisation, la discrétisation, l'agrégation.

La phase de modélisation :

- **Techniques de fouille à utiliser** (*Selected Model*) : ce critère est utilisé pour définir l'algorithme de fouille de données choisi pour générer un modèle qui répond à la tâche d'ECD (critère de la phase de compréhension du domaine). Par exemple : ID3 ou J48 pour générer un arbre de décision pour la classification, KMeans pour générer des clusters, Apriori pour générer des règles d'association.

- **Données d'apprentissage, teste et validation** (*Training and test design*) : permet de spécifier la méthode avec laquelle les données seront réparties en un jeu d'apprentissage, un jeu de teste et un jeu de validation. Parmi les valeurs possibles de ce critère : *Bootstrap, 10-fold cross validation, LeaveOneOut.*

- **Description des modèles résultats** (*Model description*) : ce critère fait référence à un fichier PMML de description du modèle résultats de l'exécution d'un algorithme de fouille de données (si le standard PMML est supporté par l'outil d'exécution). Il est spécialisé par un sous-critère (*Estimated Model Accuracy*) qui mesure la précision ou taux d'erreur du modèle obtenu.

Phases d'évaluation et déploiement :

- **Évaluation des résultats du processus d'ECD par rapport aux critères de succès initiaux** (*Business success criteria achieved*) : ce critère permet à un analyste en coordination avec l'expert de domaine de juger le degré d'achèvement des objectifs opérationnels fixés au début du projet de fouille de données.

5.3. Modèle du point de vue

Le modèle du point de vue est une conceptualisation des critères génériques introduits dans la section précédente. Ces critères sont indépendants du domaine d'application et des outils d'exécution. Ils permettent de modéliser la vision de l'analyste sur les données analysées, l'objectif d'analyse et une partie de l'expertise nécessaire aux nombreuses prises de décisions effectuées pendant l'analyse. La modélisation du point de vue en ECD devrait favoriser la coordination et la compréhension entre les différents experts d'une analyse multi-vues. Elle favorise également la réutilisation d'une analyse en termes de point de vue.

Pour formaliser le modèle du point de vue, nous avons opté pour le langage OWL (Web Ontology Language) vu son expressivité par rapport à XML schéma et RDF(S), et vu ses capacités tant représentationnelles qu'inférentielles. La figure 5.3 présente une partie de la hiérarchie des classes et relations définissant un point de vue en ECD.

Chapitre 5 – Modèle du point de vue 115

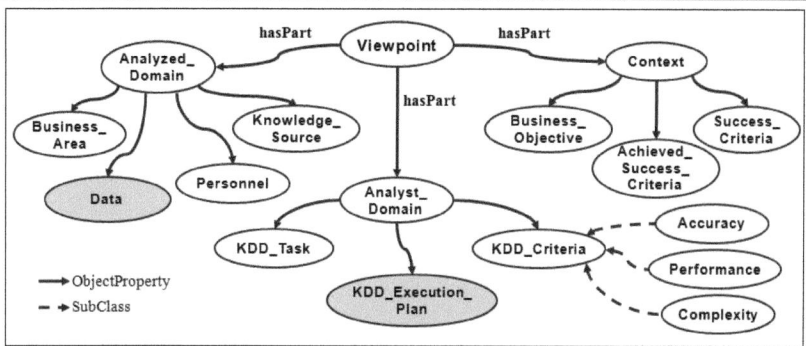

Figure 5.3. *Partie de la hiérarchie des classes du point de vue en ECD*

Un point de vue en ECD est composé de (figure 5.3) : une composante domaine de l'analyste (*Analyst_Domain*) qui décrit les actions et décisions prises par l'analyste en termes de tâche d'ECD (vérification, description, prédiction), méthodes exécutées, et critères de validation des modèles extraits. Une composante domaine analysé (*Analyzed_Domain*) décrit la vision de l'analyste sur le domaine analysé en termes de données sélectionnées, attributs pertinents pour l'analyse, ontologie de domaine d'application, et effet de l'exécution des méthodes sur les données. Une composante contexte d'analyse (*Context*) décrit l'objectif décisionnel du projet ainsi que les critères de validation des résultats (modèles).

La composante domaine de l'analyste (figure 5.3) est principalement une description des actions et des décisions prises par l'analyste pour la construction d'un plan d'exécution (*KDD_Execution_Plan*). Un plan d'exécution (figure 5.4) est une composition d'un certain nombre de méthodes (préparation des données et modélisation selon CRISP-DM). Chaque méthode doit être choisie et configurée en fonction de la tâche et des données en main.

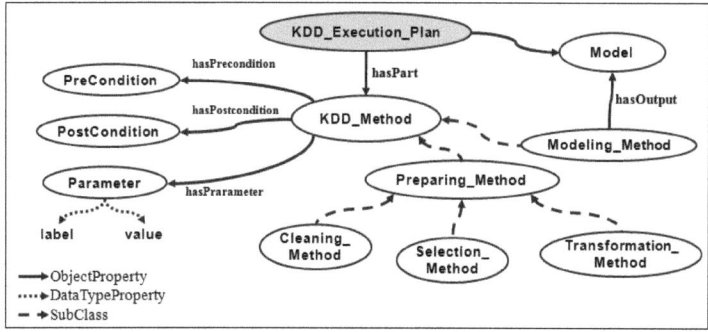

Figure 5.4. *Classes relevant de la composante point de vue domaine de l'analyste*

Chapitre 5 – Modèle du point de vue **116**

La composante domaine analysé (figure 5.3) est principalement une description des données manipulées et de l'effet de l'exécution des méthodes sur ces données. Les données (figure 5.5) ont un certain nombre de propriétés : format, source, qualité (valeurs manquantes, données erronées…), et quantité (nombre d'attributs, volume de données…). Chaque méthode exécutée par l'analyste a un effet transformationnel sur le jeu de données et ses propriétés.

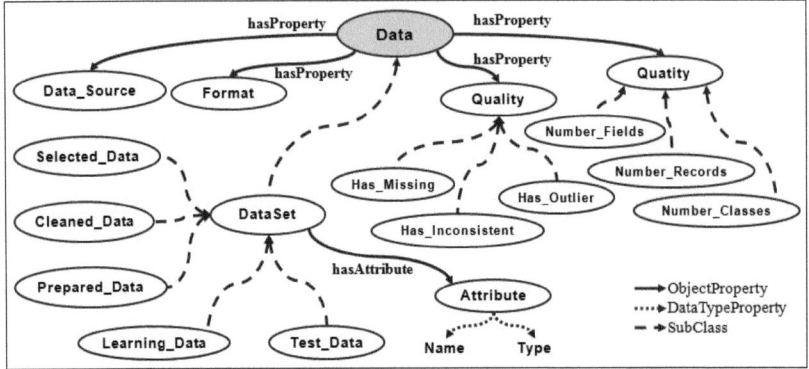

Figure 5.5. *Classes relevant de la composante point de vue domaine analysé*

L'instanciation des classes caractérisant le point de vue en ECD permet de définir le point de vue d'un analyste. Ce point de vue permet de guider l'exécution du processus d'ECD et de garder la trace des décisions prise par l'analyste.

Chapitre 6

Modèle organisationnel de points de vue

Dans une analyse multi-vues, il est important de pouvoir relier des points de vue entre eux. En effet, il peut y avoir des équivalences, des chevauchements et des conflits entre les objectifs opérationnels des différents acteurs de l'analyse, et qu'il serait judicieux de les détecter pendant les phases préliminaires du projet d'extraction de connaissances. Ceci permettra d'optimiser les ressources et les efforts dans les autres phases du projet.

Dans ce chapitre nous proposons une modélisation à base de buts des interactions et interdépendances entre points de vue dans un processus d'ECD multi-vues. Cette modélisation consiste en un ensemble de relations sémantiques entre points de vue dont l'objectif est d'assurer la coordination et le partage de connaissances entre les différents acteurs du processus, ainsi que la réutilisation du processus en termes de points de vue.

6.1. Modélisation des objectifs d'un processus d'ECD multi-vues

6.1.1. Approches de modélisation orientée but

L'analyse orientée but (Goal-Oriented Analysis) consiste en l'identification, la modélisation et l'analyse des buts et des objectifs opérationnels qui guident les décisions et les stratégies à différents niveaux dans une organisation.

Les approches de modélisation orientée but ne sont pas récentes en ingénierie des systèmes d'informations, elles datent du début des années 90 (Anton, 1997). La modélisation orientée but a été pratiquée de manière complémentaire à la modélisation orientée objet (Mylopoulos et al., 1999). En effet, la modélisation orientée objet est utilisée pour la spécification d'une solution logicielle du système d'information en question, alors que la modélisation orientée but est utilisée pour l'expression et l'analyse des besoins auxquels le système d'information doit répondre. D'ailleurs, l'introduction des cas d'utilisation dans le langage UML (Jacobson et al., 1992) illustre le besoin de raisonner autrement qu'objets pour décrire et représenter les objectifs du système et les besoins de ses futurs utilisateurs.

Les modèles de buts (Goals Models) ont été utilisés en ingénierie logicielle (Software Engineering) (Anton, 1997 ; Nuseibeh et Easterbrook, 2000) et en entrepôt de données (Data Warehousing) (Giorgini et al., 2005 ; Khouri et al., 2011 ; Kumar et al., 2010) afin d'identifier et de spécifier les besoins des utilisateurs, les objectifs opérationnels du système et les qualités de conception. En effet, l'identification des besoins (sous forme de buts de haut niveau) au début du processus de développement est cruciale (Nuseibeh et Easterbrook, 2000). Les besoins [exigences – requirement] peuvent être fonctionnels ou non fonctionnels. Les besoins non fonctionnels (également connus sous le nom des exigences de qualité) sont définis comme des attributs ou des contraintes du système tels que la performance, la sécurité et la fiabilité (Glinz, 2007).

Les modèles de buts sont reconnus aussi utiles pour l'analyse et conception des systèmes de gestion des connaissances. Des systèmes qui se concentrent sur la représentation des connaissances stratégiques et le raisonnement (Jarvis et al., 2001 ; Giorgini et al., 2004). Dans ce cas, les buts sont utilisés pour représenter les objectifs stratégiques d'une organisation et pour analyser et garder une trace des événements et des tendances qui peuvent influencer

Chapitre 6 – Modèle organisationnel de points de vue **119**

positivement ou négativement ces objectifs. Et c'est précisément dans ce contexte où s'inscrit notre utilisation des modèles de buts pour représenter, analyser et garder la trace des objectifs opérationnels d'une analyse multi-vues.

6.1.1.1. La notion de but

En étudiant les travaux de modélisation à base de but, nous constatons qu'ils convergent tous vers la définition d'un but comme étant *« un objectif que le futur système doit satisfaire »* (Anton, 1996 ; Mylopoulos et al., 1999 ; Lamsweerde, 2001 ; Kavakli et Loucopoulos, 2004 ; Rolland et Salinesi, 2005). Les buts sont des objectifs opérationnels de haut niveau d'une entreprise, une organisation ou un système complexe. Ils capturent les raisons pour lesquelles le développement d'un système est nécessaire, et guident les décisions à différents niveaux durant la réalisation de ce système.

D'un point de vue processus de développement logiciel, la notion de but peut être vue comme un mécanisme logique pour identifier, spécifier, structurer, négocier et justifier les besoins et objectifs des utilisateurs.

Les buts peuvent être formulés à différents niveaux d'abstraction (Lamsweerde, 2001), allant du plus haut niveau, à savoir les préoccupations stratégiques (par exemple *« former 10.000 ingénieurs par an à l'horizon 2010 »* pour le système d'enseignement supérieur au Maroc), au plus bas niveau, à savoir les préoccupations techniques (par exemple : *« augmenter l'effectif dans les écoles d'ingénieurs »*, *« recruter plus d'enseignants »*, *« construire plus de locaux »*…). La manière dont un but est atteint est représentée par une décomposition du but en sous buts. Un but peut être simple ou complexe. Il est complexe lorsqu'il admet une décomposition en sous buts. La décomposition d'un but complexe en sous buts simples est un mécanisme de raffinement qui exprime le processus de réalisation d'un but.

6.1.1.2. Rôles des buts en modélisation

Plusieurs raisons ont été citées dans la littérature pour souligner l'importance de l'utilisation des modèles de buts. Nous présentons ici quelques unes de ces raisons largement défendues par la communauté de l'ingénierie des besoins (Requirement Engineering). Pour plus de détails, on peut se référer à (Rolland et Salinesi, 2005) :

- *Élicitation des besoins et objectifs opérationnels* : la modélisation orienté but a été introduite en ingénierie des besoins essentiellement pour l'acquisition (identification) et la spécification des besoins d'un système d'information (Dardenne et al., 1993).

Cette phase d'élicitation a pour objectif de comprendre et de décrire les besoins, les objectifs opérationnels et les contraintes techniques du système en cours de développement (Kavakli et Loucopoulos, 2004). La modélisation à base de but a l'avantage de permettre la spécification, négociation et validation de ces objectifs.

- *Raffinement des besoins et des objectifs complexes* : ceci consiste en la décomposition de buts complexes en sous buts simples jusqu'à obtention de buts explicitement réalisables (Guzelian et al., 2004).

- *Traçabilité des besoins et des objectifs* : les modèles de buts constituent un moyen pour assurer une traçabilité anticipée des besoins et objectifs d'un système (Khouri et al., 2011). En effet, les buts établissent un lien conceptuel entre le futur système et son environnement (les acteurs), ce qui facilite la propagation des changements dans les fonctionnalités du système et fournit un moyen pour expliquer ces changements aux différents acteurs du système.

- *Détection et gestion précoce des conflits* : la coexistence de multiples points de vue lors d'un processus de développement (Nuseibeh et al., 1994) est intrinsèquement associée à la gestion des conflits entre points de vue. Les modèles de but sont reconnus utiles pour aider à la détection des conflits et de leur résolution depuis les phases préliminaires du processus (Lamsweerde et Letier, 2000).

6.1.1.3. Classification de buts

Les buts peuvent être de différents types. Aussi, plusieurs classifications de buts ont été proposées dans la littérature.

Il est usuel de classer les buts en buts fonctionnels et buts non fonctionnels (Dardenne et al., 1993). Un *but fonctionnel* définit un besoin opérationnel que le système doit satisfaire. Il exprime ce que l'utilisateur du système souhaiterait faire. Un but *non fonctionnel* (également connu sous le nom « exigence de qualité » - quality requirement) est défini comme une qualité ou une contrainte exigée du système telle que : la performance, la sécurité, la fiabilité, la flexibilité, la configurabilité, l'interopérabilité, etc. (Glinz, 2007). Cette typologie est un peu générale et peut être spécialisée d'avantage (Lamsweerde, 2001). Par exemple, un but de *satisfaction* est un but fonctionnel concernant la satisfaction de la requête d'un utilisateur, un but d'*information* est un but fonctionnel concernant l'information de cet utilisateur de l'état du système. Les buts non fonctionnels peuvent aussi être spécialisés de la même manière. Par exemple un but de *performance* est un but non fonctionnel spécialisé en *temps* et *espace*, un but de *sécurité* est un but non fonctionnel spécialisé en *confidentialité*, *intégrité* et *disponibilité*. Une taxonomie plus riche de buts non fonctionnels peut être consultée dans (Chung et al., 2000).

Une autre distinction est souvent faite dans la littérature entre les buts soft (Soft Goals) et les buts hard (Hard Goals) (Mylopoulos et al., 1999). Un but soft est un but dont la satisfaction ne peut être établie dans un sens clair et avec des critères bien définis. Un but hard est un but dont la satisfaction peut être établie à travers des techniques de vérification (algorithmique).

D'une manière générale les taxonomies de buts sont utilisées pour définir des méthodes (ou heuristiques) pour l'acquisition des buts et leur raffinement, pour le raisonnement et l'analyse des besoins à base de but.

6.1.2. Modèle générique de buts en ECD

Dans le contexte d'un processus d'ECD multi-vues, nous proposons d'utiliser l'approche orientée but pour deux visions complémentaires : (1) pour identifier, représenter et formaliser les objectifs opérationnels du processus (ce qui est reconnu pour être la première tâche de la première étape du modèle de référence CRISP-DM), et (2) pour modéliser les interactions entre les points de vues des différents acteurs du processus d'ECD multi-vues.

Cette approche nous permettra ainsi d'apporter un support méthodologique à l'activité d'extraction de connaissances à partir de données (plus particulièrement au cours des étapes de compréhension du domaine et des données analysées) et de rendre persistants les objectifs opérationnels d'un projet d'ECD (ce qui va service pendant la phase d'évaluation et déploiement des connaissances extraites). En fait, comme c'est le cas pour la traçabilité et la persistance des besoins/exigences dans les entrepôts de données proposé par (Khouri et al., 2011) et en Ingénierie des besoins proposé par (Aybuke et Claes, 2005), nous soutenons ici la nécessité de garder la trace des objectifs opérationnels établis aux débuts d'un projet d'extraction de connaissances. Leur présence peut orienter les décisions des analystes et résoudre de nombreux problèmes rencontrés durant les différentes étapes d'une analyse d'ECD multi-vues. La persistance des objectifs opérationnels, dans notre approche, vise également à constituer un complément du schéma de métadonnées introduit par (Behja et al., 2005, 2010) pour annoter et garder la trace d'une analyse d'ECD en termes de points de vue et de vues.

6.1.2.1. Caractérisation et représentation de buts

On caractérise un but par : un objectif, un acteur, des critères pour mesurer sa satisfaction et par le fait qu'il soit fonctionnel ou non fonctionnel :

```
Goal <Objective, Actor, Result, Functional/non Functional>
```

Par exemple : le but « *améliorer la qualité d'un cours* » d'une plateforme d'enseignement à distance est un but fonctionnel, ayant un enseignant comme acteur et peut être mesuré par le degré de satisfaction des apprenants, et par l'amélioration de leurs scores dans les quiz relatifs à ce cours. Le but « *assurer la sécurité de la plateforme* » est un but non fonctionnel, ayant l'administrateur de la plateforme comme acteur et peut être mesuré par la probabilité de détecter et bloquer une attaque http.

On représente un modèle de buts sous forme d'un graphe orienté G(E, V). Où E est l'ensemble des buts identifiés par les différents acteurs d'une analyse multi-vues et qui traduisent leurs objectifs opérationnels d'analyse, et V est un ensemble de relations sémantiques entre les différents buts de E. La figure 6.1 suivante illustre un exemple de représentation d'un graphe de buts :

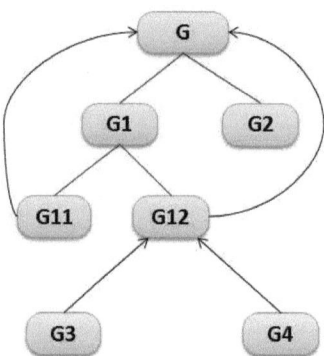

Figure 6.1. *Représentation sous forme de graphe d'un modèle de buts*

6.1.2.2. Relations sémantiques entre buts

Principalement pour des besoins de raisonnement sur les modèles de buts, deux types de relations réflexives entre buts sont utilisés dans la littérature des approches orientées but (Giorgini et al., 2004) : la décomposition de buts en sous buts (*Sub-Goal Relation*) et l'influence entre buts (*Influence Relation*).

Sub-Goal Relation : Ce type de relations consiste en la décomposition d'un but générale (connu aussi par but complexe) en un ensemble de buts plus spécifiques (buts simples). Pour ce type de relations, deux relations principales sont définies : la décomposition en ET (*AND-decomposition*) et la décomposition en OU (*OR-decomposition*) dont la définition et la sémantique sont comme suit :

- *Si* un but G est ET-décomposé en sous buts G_1, G_2, ..., G_n,

  Alors, si tous les sous buts sont satisfaits, alors G sera aussi satisfait.

- *Si* un but G est OU-décomposé en sous buts G_1, G_2, ..., G_n,

  Alors, si au moins un des sous buts est satisfait alors G sera aussi satisfait.

Pour formaliser ces deux relations, nous définissons les deux règles suivantes en langage SWRL[33] pour le cas d'une décomposition binaire :

- AND-decomposition:

  ```
  satisfied(?G1) ∧ satisfied(?G2) → satisfied(?G)
  denied(?G1) → denied(?G)
  denied(?G2) → denied(?G)
  ```

- OR-decomposition:

  ```
  satisfied(?G1) → satisfied(?G)
  satisfied(?G2) → satisfied(?G)
  denied(?G1) ∧ denied(?G2) → denied(?G)
  ```

On note ici que la décomposition binaire n'est pas une restriction, car elle peut être facilement généralisée en décomposition n-aire.

La figure suivante illustre la représentation sur le graphe de buts des deux relations de décomposition :

Figure 6.2. *AND, OR-Decomposition de buts*

---

33. SWRL: A Semantic Web Rule Language Combining OWL and RuleML, http://www.w3.org/Submission/SWRL/

Le langage SWRL, que nous avons utiliser pour exprimer les règles, est le résultat d'activités du W3C visant à ajouter des règles au langage OWL afin d'étendre son expressivité (Horrocks et al., 2004). Il est rapidement devenu le standard de fait pour exprimer des règles du Web Sémantique. Sémantiquement, SWRL est construit sur la même logique de description que OWL, mais offre des garanties formelles plus fortes lors de l'exécution des inférences (O'Connor et al., 2009). Toutes les règles SWRL sont exprimées en termes de concepts OWL (classes, propriétés, et individus), et ont la forme d'une implication (antécédent → conséquent).

Influence Relation : ce type de relations permet de modéliser des situations où un but contribue positivement ou négativement à la satisfaction/non satisfaction (*satisfaction/denial*) d'un autre but. L'influence est décrite comme étant une relation plus qualitative que la décomposition en ET et en OU (Giorgini et al., 2004).

Pour ce type de relations, quatre sous relations sont définies, notées (+, -, ++ et --) selon que l'influence soit positive ou négative, totale ou partielle. La définition et la sémantique de ces relations sont comme suit :

- *+(G, G')* : *si G est satisfait*, **alors** *G' est partiellement satisfait.*
- *-(G, G')* : *si G est satisfait*, **alors** *G' est partiellement non satisfait.*
- *++(G, G')* : *si G est satisfait*, **alors** *G' est totalement satisfait.*
- *--(G, G')* : *si G est satisfait*, **alors** *G' est totalement non satisfait.*

Pour formaliser ces relations, nous définissons les règles SWRL suivantes :

```
posInfluence(?x,?y) ∧ satisfied(?x) → partSatisfied(?y)

negInfluence(?x,?y) ∧ satisfied(?x) → partDenied(?y)

posPosInfluence(?x,?y) ∧ satisfied(?x) → fullSatisfied(?y)

negNegInfluence(?x,?y) ∧ satisfied(?x) → fullDenied(?y)
```

Où (posInfluence, negInfluence, posPosInfluence, and negNegInfluence) representent respectivement les relations d'influence (+, -, ++, et --) en langage OWL en tant que Object Properties. Dans le cas d'absence d'influence entre deux buts, on parle d'influence indéterminée (*undetermined influence*).

La figure suivante illustre la représentation sur le graphe de buts des relations d'influence :

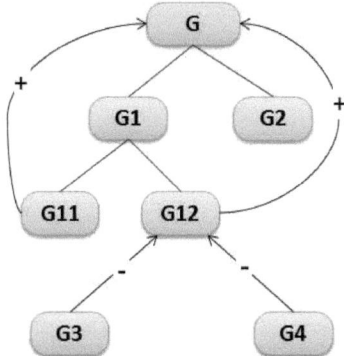

Figure 6.3. *Positive et Négative Influence entre buts*

6.1.2.3. Raisonnement sur les modèles de buts

Le raisonnement sur les modèles de buts a fait l'objet de nombreuses études (Giorgini et al., 2004) spécialement pour déterminer la satisfaction ou la non satisfaction d'un but donné, et pour étudier les situation conflictuelles de buts. Notre objectif dans cette partie est d'exploiter le raisonnement ontologique (qui se base le plus souvent sur des moteurs de raisonnement tels que FaCT++[34], Pellet[35], et Jena[36]) afin de vérifier et d'assurer la consistance d'un modèle de buts relatifs à une analyse multi-vues, et d'inférer de nouvelles relations d'influence entre buts par propagation des relations d'influence existantes. Ainsi, nous utilisons les deux mécanismes de raisonnement décrit ci-dessous:

- Vérification de la consistance d'un modèle de buts (formalisé sous forme d'une ontologie OWL : classes et instances) et en déduire les relations de subsomption. Ce raisonnement est supporté par la plupart des moteurs de raisonnement existants et permet la détection des erreurs de conception (sur la base de la description d'une classe le raisonneur peut vérifier si la classe peut avoir des instances ou non. Une classe est considérée inconsistante si elle ne peut pas avoir d'instances (Horridge et al., 2009)). Nous utilisons pour cet effet FaCT++, un moteur de raisonnement intégré comme plugin par défaut dans l'éditeur d'ontologie Protégé.

---

34. FaCT++, "Fact++ OWL-DL reasoner," http://owl.man.ac.uk/factplusplus/
35. Pellet: OWL 2 Reasoner for Java, http://clarkparsia.com/pellet/
36. Apache Jena: a Java framework for building Semantic Web applications, http://jena.apache.org/

- Propagation des relations d'influence entre buts. En se basant sur des relations d'influence existantes, nous pouvant déduire de nouvelles relations en utilisant des règles SWRL comme suit :

```
posInfluence(?x,?y) ∧ posInfluence(?y,?z) → posInfluence(?x,?z)
posInfluence(?x,?y) ∧ negInfluence(?y,?z) → negInfluence(?x,?z)
negInfluence(?x,?y) ∧ negInfluence(?y,?z) → posInfluence(?x,?z)
negInfluence(?x,?y) ∧ posInfluence(?y,?z) → posInfluence(?x,?z)
posInfluence(?x,?y) ∧ negInfluence(?x,?y) → undInfluence(?x,?y)
```

Par exemple, la première règle est une règle de transitivité, et stipule que si une relation d'influence positive existe entre les buts x et y et une relation d'influence positive existe entre les buts y et z, alors une relation d'influence positive est inférée entre les buts x et z. La figure 6.4 suivante met en évidence un exemple de situation d'inférence (les relations ne pointillé sont des relations d'influence inférées).

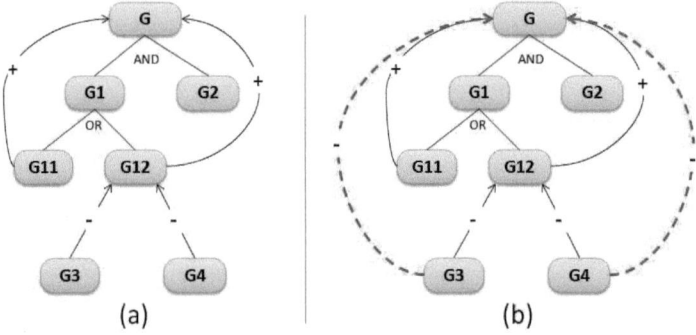

Figure 6.4. *Exemple de propagation d'influences et inférence de nouvelles relations*
(a) Buts et relations identifiés initialement
(b) Relations d'influence déduites par inférence

6.1.2.4. Modèle générique de buts en ECD

Pour résumer et généraliser les définitions précédentes, nous proposons un modèle générique de buts pour un processus d'ECD multi-vues comme présenté sur la figure 6.5 suivante.

Ce modèle générique de buts peut être considéré comme une méta-modélisation (méta-modèle) décrivant la sémantique, la structure et les propriétés des éléments constituant un modèle de buts en ECD (Bézivin, 2005). En effet, il offre le vocabulaire et les mécanismes de raisonnement sur un modèle de buts donné.

Chapitre 6 – Modèle organisationnel de points de vue

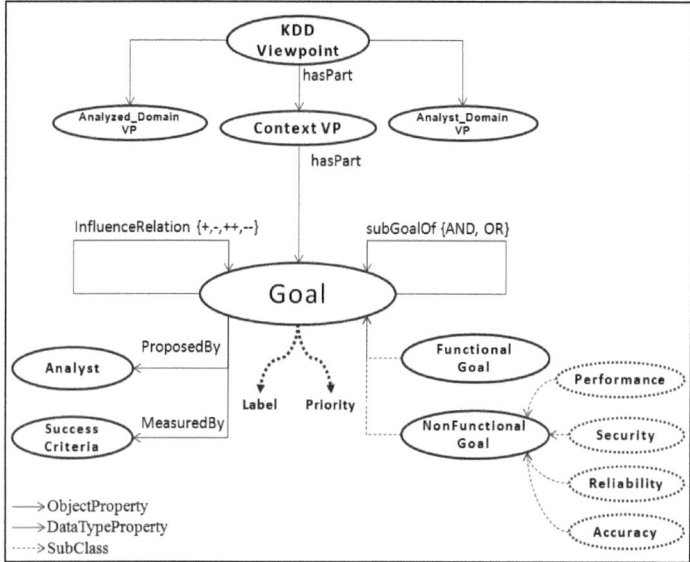

Figure 6.5. *Modèle générique de buts d'un processus d'ECD multi-vues*

Généralement un projet de fouille de données est conduit par plusieurs acteurs (experts de domaine, experts d'ECD, experts de données …) chacun ayant son propre point de vue. Un point de vue en ECD est composé de trois parties : point de vue domaine de l'analyste, point de vue domaine analysé et point de vue contexte d'analyse (Zemmouri et al., 2011).

Chaque analyste, acteur dans notre système, a un certains nombre d'objectifs opérationnels à atteindre. Ces objectifs sont identifiés et représentés sous forme de buts (et font partie de la caractérisation du contexte d'analyse associé au point de vue de l'analyste acteur).

Un but peut être fonctionnel ou non fonctionnel. Un but fonctionnel traduit un objectif opérationnel (business objective), alors qu'un but non fonctionnel traduit une contrainte du système (sécurité, fiabilité, performance) ou une contrainte technique d'exécution du processus d'ECD (exactitude, compréhensibilité, temps d'exécution, nombre limite de méthode du processus, coût…).

Un but a deux attributs (Data Type Property en OWL) : Label et Priority. Le label indique si le but est satisfait (*satisfied*) ou non satisfait (*denial*) (Giorgini et al., 2004). La priorité indique si un but est obligatoire (*mandatory*) ou optionnel (*optional*) (Khouri et al., 2011). Un but est proposé par un acteur est peut être mesuré par un ensemble de critères.

Enfin les buts sont reliés entre eux par des relations de décomposition et d'influence pour former ainsi un graphe de buts.

6.1.2.5. Exemple de modèle de buts

Dans cette section, nous allons illustrer notre modélisation des objectifs d'une analyse multi-vues à travers un exemple de notre contexte applicatif e-learning. Cet exemple de modèle de buts sera considéré comme conforme (Bézivin, 2005) au modèle générique de buts (méta-modèle) présenté dans la section précédente.

Supposons que nous voulons mener un projet d'extraction de connaissances à partir des données d'une plateforme d'enseignement à distance. Selon la méthodologie CRISP-DM (Chapman et al., 1999), la première et la plus importante étape du projet consiste en la compréhension du domaine analysé, où les objectifs opérationnels doivent être identifiés, analysés puis transformés en tâches d'ECD. Dans notre étude de cas, des exemples de ces objectifs opérationnels sont les suivants : « *améliorer la qualité des cours* » du point de vue enseignant, « *fidéliser les clients du système* » du point de vue marketing, et « *assurer la fiabilité de la plate-forme* » du point de vue administrateur (ces trois points de vue ont été introduits sur la figure 3). Ces trois objectifs d'analyse sont modélisés à base de buts et de relations entre buts (décomposition et influence) comme le montre la figure 6.6 suivante :

Chapitre 6 – Modèle organisationnel de points de vue   **129**

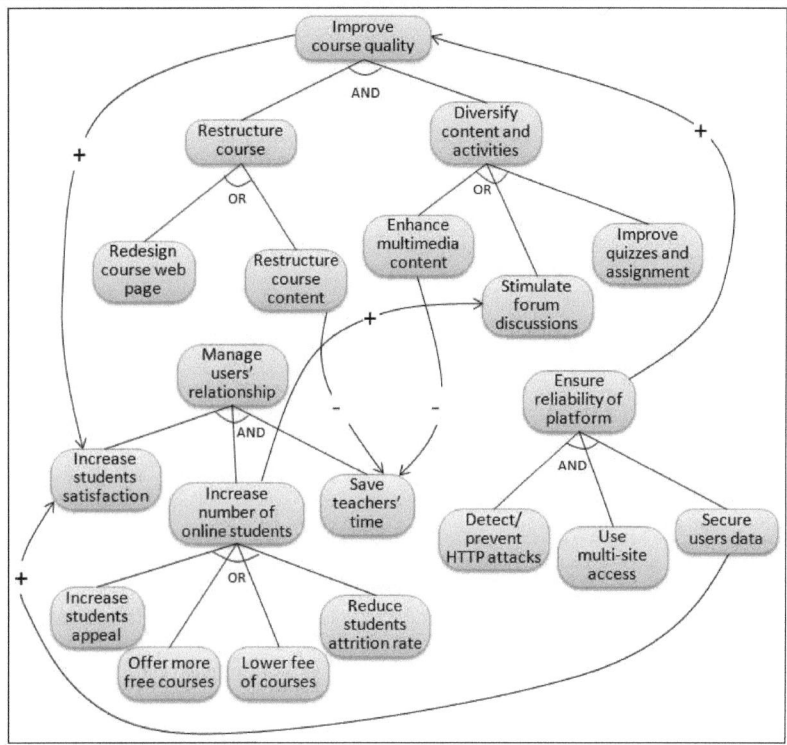

Figure 6.6. *Exemple de modèle de buts pour analyser les données d'une plateforme d'enseignement à distance selon trois points de vue des acteurs (enseignant, marketing et administrateur)*

Sur la figure 6.6, le but « *améliorer la qualité d'un cours* » est ET-décomposé en deux buts : « *restructurer le cours* » et « *diversifier le contenu et les activités du cours* ». Il est positivement influencer par le but de l'administrateur « *assurer la fiabilité de la plate-forme* » (ce qui veut dire que la satisfaction du but de l'administrateur contribue positivement à la satisfaction du but de l'enseignant). Le but « *assurer la fiabilité de la plate-forme* » est à son tour ET-décomposé en trois sous buts simples : « *sécuriser les données des utilisateurs* », « *utiliser un accès multi-sites* », et « *détecter et prévenir les attaques http* ».

Le processus d'affinement des buts par décomposition continue jusqu'à ce qu'on obtient des sous buts tangible (Giorgini et al., 2004), c'est-à-dire des buts qui peuvent être analysés en utilisant des méthodes et des tâches d'ECD simples.

En fait, l'un des principaux enjeux rencontrés par les utilisateurs de l'analyse orientée but est l'identification exhaustive des buts qui traduisent les objectifs opérationnels et les contraintes d'un futur système [ou processus]. Les approches orientées but existantes insistent beaucoup sur la nécessité de caractériser, classifier, décomposer et structurer les buts, mais ne parviennent généralement pas à proposer des stratégies visant à identifier (ou capturer) ces buts, en tenant pour acquis que les buts sont préalablement identifiés et documentés. Certes, il existe quelques tentatives pour guider l'identification des buts (comme par exemple « élicitation de buts à partir de scenarios », « élicitation de buts par raffinement » et « élicitation de buts par réutilisation » (Rolland et Salinesi, 2005)). Mais, nous soutenons que, dans le contexte d'un processus d'ECD multi-vues, l'assistance des experts du domaine est nécessaire pour guider et valider l'identification des buts et des influences entre eux.

6.2. Modélisation des relations entre points de vue en ECD

Dans la plupart des paradigmes de modélisation des systèmes d'information (comme par exemple : la modélisation Entité-Association, la modélisation Orientée Objet, la modélisation à base de Graphes Conceptuels), les relations entre les objets sont reconnus pour avoir un rôle prépondérant dans la modélisation du monde réel. En particulier, les relations permettent d'exprimer et de représenter des dépendances entre les entités d'un modèle conceptuel (Modèle Conceptuel de Données, Diagramme de Classe, Graphe Conceptuel).

Dans le contexte d'un processus d'ECD multi-vues (processus mené par plusieurs analystes acteurs avec différents points de vue), il est important d'identifier et de pouvoir représenter l'interaction et la dépendance entre les différentes analyses selon des points de vue différents.

En se basant sur le modèle générique de buts, présenté dans la section précédente, nous proposons de définir et formaliser un ensemble de relations sémantiques entre les différents points de vue d'une analyse multi-vues. Les principaux objectifs de ces relations consistent en : améliorer la coordination et le partage de connaissances entre les différents acteurs de l'analyse, et permettre la réutilisation du processus d'ECD en termes de points de vue. Ceci permettra en particulier de : (i) minimiser le coût de développement de nouvelles analyses (on peut développer de nouvelles analyses à partir des anciennes expériences réussies), (ii) d'apporter une assistance méthodologique pour les analystes.

Les relations que nous avons identifié entre points de vue sont : l'*équivalence*, l'*inclusion*, le *conflit*, l'*exigence*, et l'*indépendance*. Ces relations sont définies et formalisées dans la section suivante.

6.2.1. Relations entre points de vue d'une analyse multi-vues

On considère les définitions suivantes :

- VP_1 et VP_2 deux points de vue différents associés à une analyse multi-vues ;
- $G_1 = \{G_{11}, G_{12}, ..., G_{1n}\}$ l'ensemble des buts associés au point de vue VP_1. Ce sont des buts identifiés initialement par l'analyste du point de vue en question, puis raffinés par décomposition ;
- $G_2 = \{G_{21}, G_{22}, ..., G_{2m}\}$ l'ensemble des buts associés au point de vue VP_2,
- $\{g_{11}, g_{12}, ..., g_{1i}\}$ un sous ensemble de buts de G_1,
- $\{g_{21}, g_{22}, ..., g_{2j}\}$ un sous ensemble de buts de G_2.

Nous définissons l'équivalence, l'inclusion, le conflit, l'exigence, et la dépendance entre le point de vue VP_1 et le point de vue VP_2 comme suit :

La relation d'équivalence entre deux points de vue :

On dit que VP_1 est équivalent à VP_2 si : la satisfaction de tous les buts associés à VP_1 implique la satisfaction de tous les buts associés à VP_2 et vice versa.

```
satisfied(?G11) ∧ … ∧ satisfied(?G1n) →
                    satisfied(?G21) ∧ … ∧ satisfied(?G2m)
satisfied(?G21) ∧ … ∧ satisfied(?G2m) →
                    satisfied(?G11) ∧ … ∧ satisfied(?G1n)
```

La relation d'inclusion entre deux points de vue :

On dit que VP_1 inclut VP_2 si : la satisfaction d'un sous ensemble de buts associés à VP_1 implique la satisfaction de tous les buts associés à VP_2.

```
satisfied(?g11) ∧ … ∧ satisfied(?g1i) →
                    satisfied(?G21) ∧ … ∧ satisfied(?G2m)
```

La relation de conflit entre deux points de vue:

On dit que VP_1 est en conflit avec VP_2 si : la satisfaction d'un sous ensemble de buts associés à VP_1 implique la non satisfaction d'un sous ensemble de buts associés à VP_2.

```
satisfied(?g11) ∧ … ∧ satisfied(?g1i) →
                    denied(?g21) ∧ … ∧ denied(?g2j)
```

La relation d'exigence entre deux points de vue:

On dit que VP_1 exige VP_2 si : la satisfaction d'un sous ensemble de buts associés au point de vue VP_1 nécessite (exige) la satisfaction de tous les buts associés au point de vue VP_2.

```
satisfied(?g11) ∧ … ∧ satisfied(?g1i) ←
                    satisfied(?G21) ∧ … ∧ satisfied(?G2m)
```

Indépendance entre deux points de vue:

On dit que VP_1 et VP_2 sont indépendants si : la satisfaction d'un but associé à VP_1 n'influence ni positivement ni négativement (influence indéterminée) la satisfaction des buts de VP_2 et vice versa.

6.2.2. Utilité des relations entre points de vue

La relation d'équivalence entre points de vue sert comme principal objectif la réutilisation du processus d'ECD en termes de point de vue. En effet, il peut être avantageux au sein d'une organisation de réutiliser les expériences réussies de fouille de données pour atteindre des objectifs opérationnels (buts) associées à des points de vue différents (satisfaire différents acteurs). Ceci est fait en comparant uniquement les modèles de buts associés aux points de vue VP_1 et VP_2 sans tenir compte des détails techniques des plans d'exécution. Par exemple, lors de l'analyse des données d'une plateforme e-learning, un enseignant peut réutiliser complètement une analyse réussie d'un autre enseignant pour évaluer ses cours par simple modifications des paramètres associés au cours.

Les relations de conflit, d'inclusion et d'exigence entre points de vue servent essentiellement pour proposer une aide méthodologique aux utilisateurs d'ECD. Surtout les tâches à éviter dans le cas d'un conflit avec un autre point de vue, ou des tâches à réutilisés partiellement dans le cas de l'inclusion et de l'exigence. Par exemple, il devrait y avoir complémentarité entre le point de vue « évaluation » d'un enseignant et le point de vue « fiabilité » de l'administrateur (voir figure 3), l'enseignant peut consulter les résultats de l'administrateur pour mieux comprendre et interpréter ses résultats d'analyse.

L'indépendance entre deux points de vue implique que deux analyses peuvent être menées sans que les résultats de l'une influencent l'exécution de l'autre.

Chapitre 6 – Modèle organisationnel de points de vue **133**

6.3. Synthèse

Pour supporter les utilisateurs d'un processus d'ECD multi-vues au sein d'une organisation, nous avons proposé une approche orientée buts pour modéliser et formaliser les objectifs opérationnels des différents acteurs de l'analyse ainsi que les interactions et interdépendances entre points de vue.

Dans un premier temps, nous avons présenté un modèle générique de buts qui, une fois instancier, permet d'identifier et représenter les objectifs opérationnels des analystes pendant la première phase du processus d'ECD (compréhension du domaine analysé).

Ensuite, pour formaliser l'interaction et l'interdépendance entre les différentes analyses selon différents points de vue, nous avons présenté un ensemble de relations sémantiques entre points de vue. Nous avons défini ainsi les relations d'équivalence, d'inclusion, de conflit, d'exigence, et d'indépendance entre deux points de vue. Ces relations nous permettent d'améliorer la coordination, le partage de connaissances et la compréhension mutuelle entre les différents acteurs d'une analyse multi-vues, et la réutilisabilité en termes de point de vue des expériences réussies de fouille de données au sein d'une organisation.

Chapitre 7

Système à base de connaissance pour l'assistance des utilisateurs du processus d'ECD multi-vues

> Pour évaluer notre approche, nous présentons dans ce chapitre un système à base de connaissances pour assister les utilisateurs d'un processus d'ECD multi-vues. Nous abordons d'abord le prototype et architecture générale du système, ainsi que les scénarios de son utilisation. Puis nous présentons à travers une étude de cas l'outil d'exploitation de l'ontologie OntoECD permettant de guider un analyste pour la construction et l'exécution d'un processus d'ECD valide.

7.1. Prototype et architecture générale

Pour évaluer notre approche, nous proposons un système à base de connaissances pour l'assistance des utilisateurs du processus d'ECD multi-vues dont l'architecture générale est donnée sur la figure suivante :

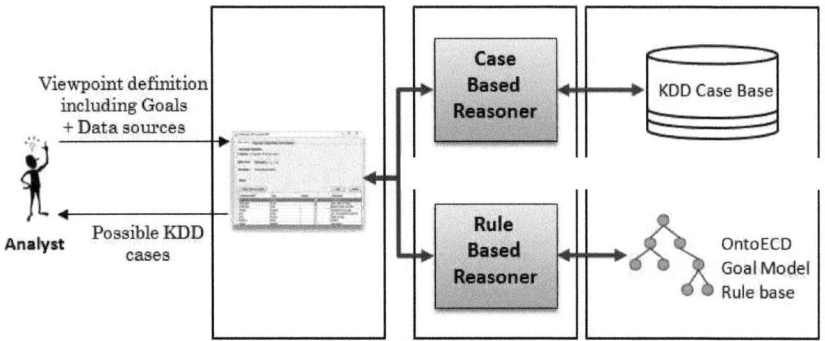

Figure 7.1. *Architecture générale du système proposé*

Notre assistant se compose ainsi de 5 principaux blocs : une interface utilisateur, des outils de Raisonnement à Partir de Cas (RàPC), des outils de raisonnement à base de règles, une base de cas, et des ontologies OWL.

- L'interface utilisateur permet à un analyste d'ECD de sélectionner les sources de données et de définir son point de vue par instanciation des critères génériques qui caractérisent le point de vue en ECD (cf. chap. 5).

- Les ontologies OWL et base de règles donnent une représentation formelle des connaissances mises en œuvre lors d'un processus d'ECD. Ils se composent principalement de l'ontologie OntoECD, le modèle générique de buts ainsi que les règles SWRL associées qui définissent la sémantique des relations dans un modèle de buts et les mécanismes d'inférence des relations d'influence.

- La base des cas de processus d'ECD contient des annotations structurées et détaillées sur les expériences réussies d'ECD (caractérisation des sources de données, objectifs de l'analyse, contexte de l'analyse, les méthodes de fouille de données sélectionnées utilisés et leurs paramètres, etc.). Ces annotations sont conformes au schéma de métadonnées proposé par Behja (Behja et al, 2010) étendu par l'instanciation des critères génériques du point de vue.

Chapitre 7 - Implémentation et étude de cas 137

- Les outils de Raisonnement à Partir de Cas permettent la recherche de cas de processus d'ECD similaires en se basant sur la définition du point de vue de l'analyste (qui comprend l'identification des objectifs et contexte d'analyse et les sources de données) et en utilisant les relations précédemment définies entre points de vue (équivalence, inclusion, conflit et exigence). La réutilisation et/ou adaptation d'un cas d'ECD est assurée par les capacités d'inférence des outils de raisonnement à base de règles, basés sur le moteur d'inférence FaCT++ et SWRL.

La figure 7.2 suivante illustre les deux scénarios d'utilisation possibles de notre système :

Le premier scénario (étapes **1** à **5** sur la figure 7.2) est initialisé par la définition du point de vue de l'analyste et la sélection des sources de données. Il consiste en la construction d'un plan d'exécution valide assisté par l'ontologie OntoECD.

Le deuxième scénario (étapes **a** à **f** sur la figure 7.2) consiste en la réutilisation d'expériences d'ECD réussies. Ceci passe à travers par les quatre phases du RàPC : recherche de cas similaires dans la base de cas (base des annotations) à partir de la définition du point de vue de l'analyste (instanciation des critères génériques) et en utilisant les relations sémantiques entre points de vue, choix des cas à réutiliser, éventuelle révision/adaptation des cas, et apprentissage et alimentation à nouveau de la base de cas.

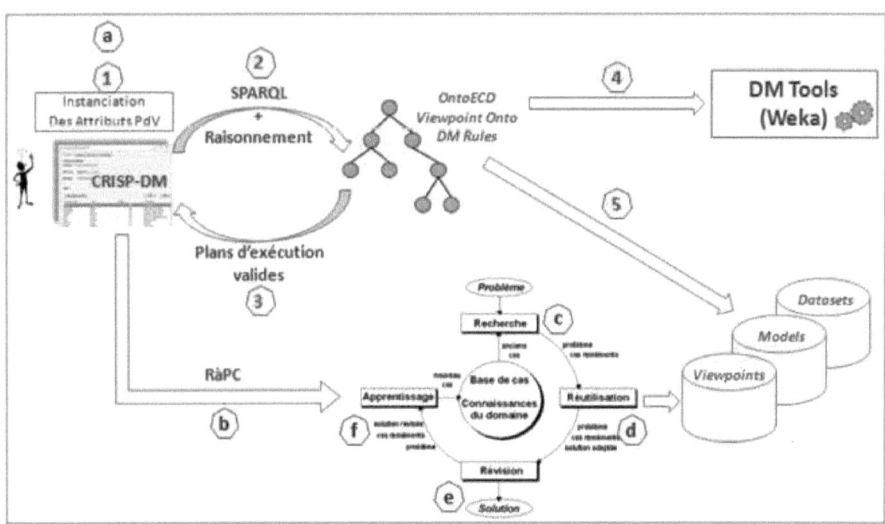

Figure 7.2. *Scénarios d'utilisation du système proposé*

7.2. Outil d'interrogation de l'ontologie OntoECD – étude de cas

L'objectif de cette partie de notre système est de guider un utilisateur d'ECD à travers la construction d'un plan d'exécution (processus d'ECD) valide et l'exécuter automatique sous Weka. Cette assistance de l'utilisateur est basée sur l'interrogation de notre ontologie à l'aide de requêtes SPARQL afin de choisir les méthodes les mieux adaptées en fonctions de la tâche et des données sélectionnées par l'utilisateur. Pour présenter cette partie de notre système, nous proposons une étude de cas détaillée dans la suite de cette section.

Dans cette étude nous nous sommes intéressés à l'analyse des données pédagogiques relatives aux études du Cycle Préparatoire Intégré à l'ENSAM-Meknès afin d'évaluer quelques aspects du système modulaire instauré à l'ENSAM depuis l'année universitaire 2007/2008 (dans le cadre de la réforme). Nous nous intéressons en particulier aux données relatives aux absences des étudiants et validation des modules de la première et la deuxième année ENSAM. Le plan d'étude de ces deux année comporte 20 modules (10 chaque année). Les modules de la première année sont comme suit :

- MCP1 : Mathématiques I
- MCP2 : Mathématiques II
- MCP3 : Outils Informatiques et Communication I
- MCP4 : Construction Mécanique et Matériaux
- MCP5 : Electricité et Mécanique
- MCP6 : Mathématiques III
- MCP7 : Thermodynamique et Chimie Générale
- MCP8 : Mécanique et Automatisme
- MCP9 : Construction et Fabrication Mécanique
- MCP10 : Outils Informatiques et Communication II

Pour plus de détails sur le plan d'étude ENSAM on peut se référer à : http://www.ensam-umi.ac.ma/files/PlanEtudesReforme.pdf

Pour mener à bien cette analyse, nous allons suivre les étapes du modèle CRISP-DM (implémenté dans l'ontologie OntoECD).

Chapitre 7 - Implémentation et étude de cas 139

7.2.1. Compréhension du domaine

Pendant cette première phase du processus, deux tâches sont à réaliser : identification des connaissances relatives au domaine d'application et définition des objectifs opérationnels du projet d'ECD. Les objectifs opérationnels sont par la suite traduits en tâches d'ECD. Pour notre objectif d'évaluation nous avons adopté des tâches d'ECD descriptives (classification, découverte de règles d'association, et segmentation).

7.2.2. Compréhension des données

Cette phase commence par une collecte des données initiales brutes. Les données collectées concernent essentiellement :

- Les PV des délibérations des années universitaires entre 2007 et 2012. Ces PV contiennent les résultats de validation des modules et des années par étudiant (pour un total de 1480 étudiants). La figure 7.4 en présente un échantillon. Pour chaque étudiant, on a la note de chaque module et la décision de jury (V : validé, NV : non validé ou R : racheté), puis la note de l'année et la décision de jury pour l'année.

ID	MCP1	RES1	MCP2	RES2	MCP3	RES3	MCP4	RES4	MCP5	RES5	MCP6	RES6	MCP7	RES7	MCP8
1	8,392	NV	7,857	NV	10,234	NV	10,218	NV	10,707	NV	8,983	V	11	R	7,708
2	11	V	10,142	NV	10,24	NV	8,025	NV	11	V	11	V	11,26	V	11
3	11,2	V	14,571	V	12,759	V	14,608	V	13,529	V	13,1	V	11	V	11
4	13,5	V	13,571	V	11	V	12,128	V	14,195	V	14,92	V	12,15	V	13,3
5	11	V	11	R	11	V	11,778	V	11	V	10,416	NV	10,545	NV	11,19
6	8,664	NV	7,857	NV	11	V	14,653	V	11,064	V	13,25	V	13,07	V	12,19
7	11,507	V	11	V	11,643	V	13,978	V	12,533	V	12,77	V	12,35	V	10,028

Figure 7.3. *Echantillon de données relatives aux résultats des étudiants par module*

- Les absences par étudiants et par modules de la 1ère année et la 2ème année ENSAM en 2011/2012. La figure 7.3 en présente un échantillon. Pour chaque étudiant, on note le nombre d'absences par modules (10 modules en 1ère année et 10 modules 2ème année), puis la somme par semestre et par année :

ID	ABS_MCP1	ABS_MCP2	ABS_MCP3	ABS_MCP4	ABS_MCP5	ABS_S1	ABS_MPC6	ABS_MCP7	ABS_MCP8	ABS_MCP9	ABS_MCP10	ABS_S2	ABS_1A
230	0	10	2	0	10	22	20	20	30	40	50	100	260
228	1	14	6	1	11	33	21	29	18	19	20	107	140
213	0	6	2	0	4	12	17	25	23	21	20	106	118
124	1	8	10	0	4	23	18	24	13	15	20	90	113
206	0	0	1	0	0	1	17	27	18	15	18	95	96

Figure 7.4. *Echantillon de données relatives aux absences des étudiants par module*

Ces données ont été mises en forme (principalement sous forme tabulaire CSV), anonymisées (remplacement des données personnelles des étudiants par des données codifiées), puis injectées dans notre outil (figure 7.5) afin de se familiariser avec les données (à travers des calculs statistiques simples : moyenne, min, max, écart type, valeurs des attributs nominaux...) et d'identifier les problèmes de qualité des données (valeurs manquantes, valeurs aberrantes).

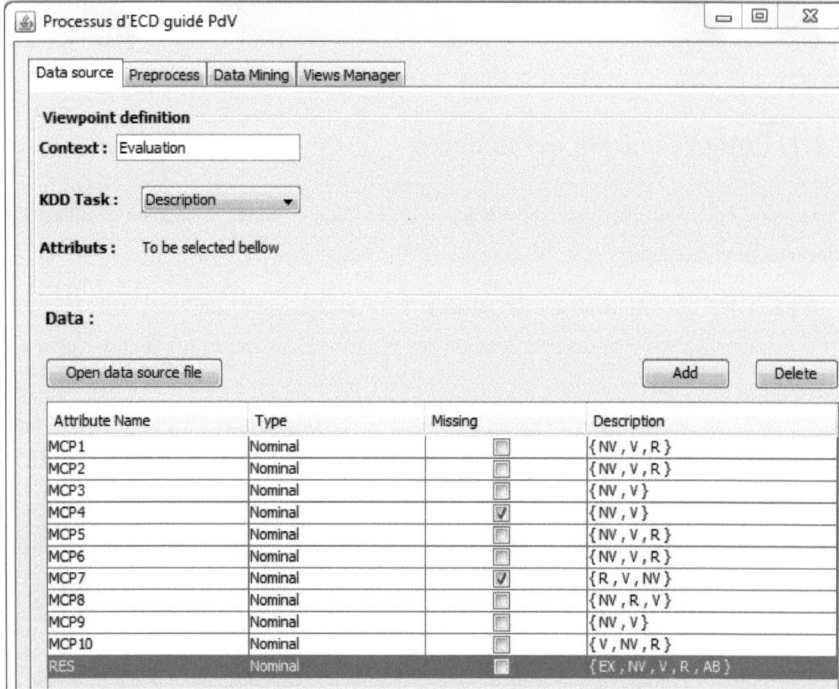

Figure 7.5. *Interface d'initialisation du point de vue, chargement de données et section des attributs d'analyse*

7.2.3. Préparation des données

Cette phase de préparation des données couvre les activités pour construire le jeu de données final (données qui seront introduites comme entrées aux méthodes de data mining) à partir des données initiales collectées dans la phase précédente.

Pour la tâche de segmentation des étudiants nous nous sommes basés sur le nombre d'absence par année et le nombre de module validés par année pour chaque étudiant. Ces deux nouveaux attributs ont été agrégés à partir des attributs absence par module et résultat par module. Nous avons procéder par la suite à une normalisation des attributs.

Pour les tâches de classification et détection des règles d'association, aucune transformation des données n'était nécessaire, nous avons juste sélectionné sur l'outil les attributs pertinents pour l'étude.

7.2.4. Modélisation

Dans cette phase, 3 techniques de fouilles ont été sélectionnées pour les 3 tâches définies au début de l'étude : classification, clustering, et association. La figure suivante illustre le choix de la méthode de classification et son paramétrage sur l'outil d'exploitation de l'ontologie OntoECD :

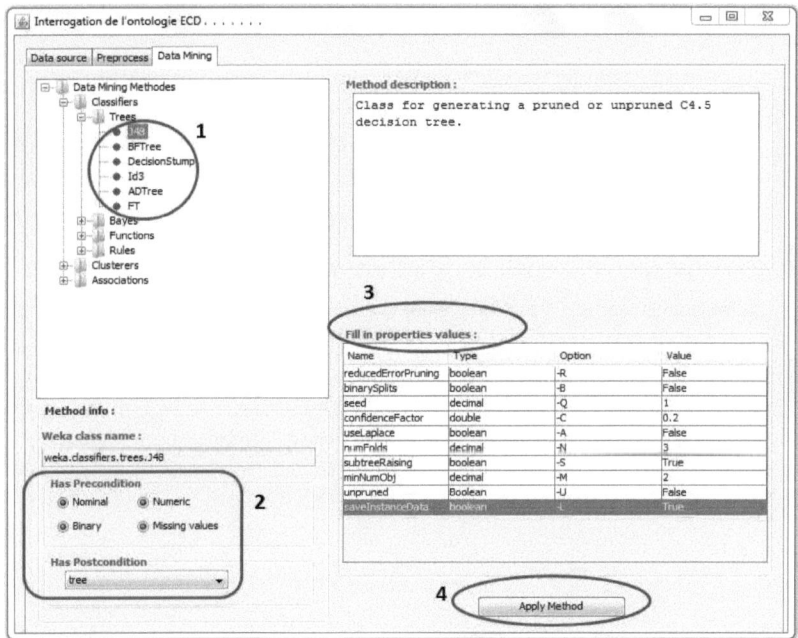

Figure 7.6. *Interface de sélection de la méthode de fouille, paramétrage, et exécution sous Weka*

Sur cette figure :

- Une fois les attributs d'analyse sélectionnés, l'ontologie OntoECD est interrogée (à l'aide de requêtes SPARQL) pour déterminer quelles sont les méthodes de prétraitement et de fouille les plus appropriés pour les attributs sélectionnés. Ces méthodes sont choisies en se basant sur : la tâche d'analyse, les pré-conditions et post-conditions de chaque méthode et la nature des données. Toutes formalisées dans l'ontologie OntoECD (voir figure 7.4 – 1).

Le code suivant présente un exemple simple d'une requête permettant de chercher les instances de la classe Trees (sous classes de ClassificationMethod) ayant la précondition « s'exécuter sur des attributs nominaux » :

```
PREFIX rdfs: <http://www.w3.org/2000/01/rdf-schema#>
PREFIX rdf: <http://www.w3.org/1999/02/22-rdf-syntax-ns#>
PREFIX OntoECD: <http://www.ensam-umi.ac.ma/wrum/OntoECD.owl#>

SELECT ?instance
WHERE
{
        ?instance OntoECD:has_Precondition OntoECD:nominal ;
                  rdf:type               OntoECD:Trees .
}
```

- Pour chaque méthode choisie, on vérifie les pré-conditions et les post-conditions de la méthode (figure 7.4 – 2) et on définie les valeurs des paramètres de la méthode (figure 7.4 – 3). Des paramètres par défaut sont proposés pour les utilisateurs novices.
- Enfin on lance l'exécution de la méthode (figure 7.4 – 4). L'exécution se fait automatiquement sur Weka intégré comme API externe dans notre outil. Et on garde la trace du processus pour une future utilisation (comme ça va être illustré dans la section 7.2.6).

La figure suivante présente le modèle généré pour la tâche de classification :

Chapitre 7 - Implémentation et étude de cas 143

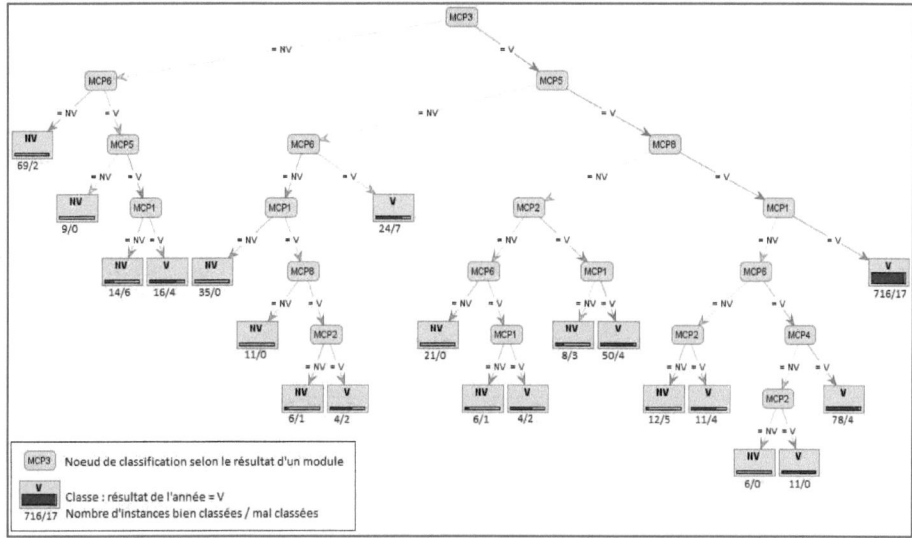

Figure 7.7. *Le modèle arbre de décision obtenu après exécution de la méthode J48 sur les résultats de validation de la première année ENSAM entre 2007 et 2012*

7.2.5. Evaluation

Dans cette dernière phase nous avons procédé à la validation des modèles extraits et leur interprétation. A partir de l'arbre de décision de la figure 7.7 nous avons dégagé les connaissances suivantes :

- L'attribut MCP3 (module Outils Informatiques et Communication I) se trouve sur la racine de l'arbre de décision. Ce qui veut dire que c'est un attribut pertinent dans la validation de la première année.

- L'attribut MCP10 (module Outils Informatiques et Communication II) ne figure pas sur l'arbre de décision, ce qui veut dire qu'il n'as pas d'effet sur la décision de validation de la première année. Ceci s'explique par le fait que le coefficient de l'élément de module « informatique » est faible par rapport aux deux autres éléments de module (« techniques de communication » et « anglais »). Or les notes de ces deux derniers éléments sont généralement élevées, ce qui fait que la plupart des étudiants de la première année valident le module MCP10 en deuxième semestre. Et donc le module n'est pas pertinent sur l'arbre.

- Les attributs MCP1 (Mathématiques I) et MCP2 (Mathématiques II) se trouvent au bas de l'arbre de décision (à partir du niveau 3). Ce qui veut dire qu'ils sont moins pertinents dans la validation de la première année ! Ceci s'explique par le fait que les étudiants ont droit à deux modules non validés en première année. Et il se trouve que MCP1 et MCP2 sont les plus difficiles.

- Les attributs MCP3, MCP4, MCP5, et MCP6 qui se trouve sur les premiers niveaux de l'arbre de décision sont plus pertinents que les attributs MCP1 et MCP2 (Mathématiques I et II) pour le cycle préparatoire !

- Les étudiants qui ont le module MCP3 (Outils Informatiques et Communication I) validé, le module MCP5 (Electricité et Mécanique) validé, le module MCP4 (Construction Mécanique et Matériaux) validé, et le module MCP1 (Mathématiques I) validé ou racheté ont tous validé l'année avec un taux de 716/1480.

7.2.6. Annotations du processus

Une fois le processus d'ECD est exécuté, des annotations sont générées et sauvegardées dans la base des cas pour garder la trace de l'exécution pour réutilisation. Le format de ces annotations est une instanciation des critères génériques du point de vue introduit dans le chapitre 5. Le code XML suivant illustre une partie de ces annotations pour l'exemple présenté ci-dessus :

```
<Viewpoint>
    <Contexte>
        <BusinessObjective> Evaluation </BusinessObjective>
    </Contexte>
    <Analyzed_Domain>
        <Business_Area> Pédagogie </Business_Area>
        <Data>
            <DataSet> PV Validation ECPI ENSAM 2007-2012 </DataSet>
            <Data_Source> validation_data.csv </Data_Source>
            <Format> CSV </Format>
            <Quantity>
                <Number_Fields> 22 </Number_Fields>
                <Number_Records> 1480 </Number_Records>
                <Number_Classes> 1 </Number_Classes>
            </Quantity>
            <Attribute>
                <Name> MCP1 </Name>
                <Type> Nominal </Type>
                <Has_Missing> No </Has_Missing>
```

Chapitre 7 - Implémentation et étude de cas   145

```xml
                <Has_Outlier> No </Has_Outlier>
                <Has_Inconsistent> No </Has_ Inconsistent >
            </Attribute>

            ...

        </Data>
    </Analyst_Domain>
    <Analyzed_Domain>
        <KDD_Task> Description - Classification </KDD_Task>
        <KDD_Criteria>
            <Accuracy> Recall </Accuracy>
            <Accuracy> Precision </Accuracy>
        </KDD_Criteria>
        <KDD_Execution_Plan>
            <KDD_Method>
                <Name> Decesion Tree </Name>
                <Class> weka.classifiers.trees.J48 </Class>
                <Has_Precondition> Numeric </Has_Precondition>
                <Has_Precondition> Nominal </Has_Precondition>
                <Has_Postcondition> tree </Has_ Postcondition >
                <Parameter>
                    <label>confidenceFactor </label>
                    <value> 0.2<value>
                </Parameter>
                <Parameter>
                    <label>numFolds</label>
                    <value> 3<value>
                </Parameter>

                ...

            </KDD_Method>
            <Model>
                <PMML_File> validation_model.xml  </PMML_File>
            </Model>
        </KDD_Execution_Plan>
    </Analyzed_Domain>
</Viewpoint>
```

Conclusion générale

La bonne conduite d'un projet d'extraction de connaissances à partir de données nécessite d'une part l'intégration des deux types de connaissances de domaine dans le processus : connaissances du domaine analysé et connaissances du domaine de l'analyste, et d'autre part la prise en compte des différents points de vue de ces experts (différences d'analyse des mêmes données). Nous avons choisi dans cette thèse d'utiliser le formalisme des ontologies du Web sémantique et la notion de point de vue pour répondre à ces besoins. L'utilisation des ontologies nous a permis de capturer, représenter et gérer les connaissances mises en œuvre dans un processus d'ECD multi-vues.

Notre objectif était de fournir une définition plus précise de la notion de point de vue dans le cadre de l'ECD et permettre la représentation et la gestion de multiples points de vue dans un projet d'extraction de connaissances afin d'améliorer la coordination, le partage de connaissances et la réutilisabilité entre les différents experts.

Notre approche pour répondre à cet objectif a été la suivante :

- Proposer une définition de la notion de point de vue en ECD qui tient compte des connaissances de domaine (domaine analysé et domaine de l'analyste) et du contexte d'analyse. Elle permet à l'analyste de filtrer les connaissances expertes pertinentes selon sa vision sur les données analysées, le domaine d'application, le domaine de l'ECD, et aussi selon son objectif d'analyse.

- Proposer une caractérisation multi-critères du point de vue en ECD en se basant sur le modèle de référence CRISP-DM. Une caractérisation qui vise d'abord à capturer les objectifs et le contexte d'analyse de l'expert, puis orienter l'exécution du processus d'ECD, et par la suite garder, sous forme d'annotations, la trace du raisonnement effectué pendant un travail multi-experts.

- Développer un ensemble de modèles sémantiques, structurés dans un Modèle Conceptuel, permettant la représentation et la gestion des connaissances mises en œuvre lors d'une analyse multi-vues. Notre modèle conceptuel de connaissances intégrant la notion de point de vue est composé de quatre sous-modèles hiérarchiques :

- **Modèle du domaine** : Ce modèle permet de représenter les connaissances relatives au domaine d'application et nécessaires pour que les méthodes d'ECD puissent s'exécuter. Il ce présente comme une conceptualisation des concepts et relations du domaine d'application, généralement sous frome d'une ontologie de domaine.

- **Modèle tâche et méthode** : Ce modèle permet de représenter de façon abstraite le processus d'extraction en termes de tâches et de méthodes. Il a été formalisé sous forme d'une ontologie générique semi-formelle OntoECD. L'ontologie OntoECD est une ontologie du domaine de la tâche d'extraction des connaissances à partir de données. Elle est basée sur le modèle de référence CRISP-DM, et sur les outils libres d'ECD (principalement la bibliothèque de méthodes Weka). OntoECD est composée de deux parties interdépendantes : OntoECD pour CRISP-DM et OntoECD pour Data Mining. Sa construction a été faite suivant la méthodologie METHONTOLOGY.

- **Modèle du point de vue** : Ce modèle est une conceptualisation de l'ensemble des critères génériques du point de vue en ECD identifiés à base du modèle de référence CRISP-DM et formalisé sous forme d'une ontologie OWL. Ces critères sont indépendants de la tâche et du domaine d'application. Ils permettent de modéliser la vision de l'analyste sur les données analysées, l'objectif d'analyse et une partie de l'expertise nécessaire aux nombreuses prises de décisions effectuées pendant l'analyse. La modélisation du point de vue en ECD devrait favoriser la coordination et la compréhension entre les différents experts d'une analyse multi-vues. Elle favorise également la réutilisation d'une analyse selon un point de vue donné.

- **Modèle organisationnel des points de vue** : Pour formaliser l'interaction et l'interdépendance entre les différentes analyses selon différents points de vue, nous avons proposé dans ce modèle un ensemble de relations sémantiques entre points de vue. Nous avons défini les relations d'équivalence, d'inclusion, de conflit, d'exigence, et d'indépendance entre deux points de vue. Ces relations nous permettent d'améliorer la coordination, le partage de connaissances et la compréhension mutuelle entre les différents acteurs d'une analyse multi-vues, et la réutilisabilité en termes de point de vue des expériences réussies de fouille de données au sein d'une organisation.

Enfin nous avons proposé un système à base de connaissances pour l'assistance des utilisateurs du processus d'ECD multi-vues. Ce système est composé d'un ensemble d'outils développés en Java à base du framework Jena, son moteur de requêtes SPARQL, et la bibliothèque de méthodes d'ECD Weka. Le premier outil permet l'édition et la mise à jour de l'ontologie OntoECD. Le deuxième outil est un outil d'exploitation de l'ontologie OntoECD, il permet d'assister un analyste pour la construction et l'exécution d'un processus d'ECD valide. L'utilisation de ce dernier a été illustrée à travers une étude de cas d'analyse des données pédagogiques de l'ENSAM Meknès. Le troisième outil est un prototype de réutilisation du processus d'ECD multi-vues à base de raisonnement à partir de cas.

Le système proposé n'est pas définitif, son développement et l'extension de ses fonctionnalités sont encore poursuivis. En particulier il reste à développer comme perspectives :

- L'outil de raisonnement à partir de cas dans notre prototype : en effet nous avons inspecté un certain nombre de frameworks RàPC académiques existants dans la littérature pour une possible réutilisation (CBR-Works, CBR-Express, CBR*Tools, Remind, Recall, Kate-CBR, etc.). Mais, ils sont tous développés pour un domaine d'application et dans un contexte d'utilisation particuliers.

- La définition de mesures de similarités entre points de vue en se basant sur la caractérisation multi-critères du point de vue : en effet, les critères génériques que nous avons identifié sont hétérogènes dans le sens ou ils sont de plusieurs types (numériques, nominaux, binaires) et que quelques uns sont mesurables alors que d'autres ne le sont pas.

- Le problème de démarrage à froid (Cold start problem) de la base de cas : en effet, la base des cas de notre système d'assistance est initialement vide (c-à-d qu'on ne dispose pas d'exemples de processus d'ECD réussis, ni de préférences des utilisateurs) ce qui rend le module de réutilisation et de proposition d'expériences d'ECD initialement inaccessible.

Soulignons enfin que des travaux de recherche sont en cours dans notre équipe WRUM (thèse de L. Demraoui à la Faculté des Sciences et Techniques de Fès) afin de généraliser notre approche de multi-analyses à la métamodélisation CWM (Common Warehouse Metamodel) pour les entrepôts de données. L'objectif est de généraliser la notion de point de vue et des multi-analyses sur toute la suite décisionnelle à travers le métamodele CWM.

Bibliographie

Abiteboul, S., & Bonner, A. (1991). Objects and views. In Proceedings of SIGMOD International Conference on Management of Data (pp. 238-247). ACM Press. doi:10.1145/119995.115830.

Agrawal, R., Imielinski, T., Swami, A. (1993). Mining Association Rules between Sets of Items in Large Databases. In proceedings of the ACM SIGMOD Conference, Washington DC, USA, p. 207-216, May 1993.

Agrawal, R., Srikant, R. (1995). Mining Sequential Patterns. In proceedings of the 11th International Conference on Data Engineering (ICDE'95), Tapei, Taiwan, March 1995.

Anand, S. and Buchner, A. (1998). Decision Support Using Data Mining. Financial Time Management, London.

Angele, J., Fensel, D., et Studer, R. (1996). Domain and task modeling in MIKE, Chapman & Hall.

Anton, A. I., (1996). Goal based requirements analysis. In Proceedings of the 2nd International Conference on Requirements Engineering ICRE'96, Colorado Springs, Colorado, pp. 136-144, 15-18 April 1996.

Anton, A. I., (1997). Goal Identification and Refinement in the Specification of Information Systems, Ph.D. Thesis, Georgia Institute of Technology, June 1997.

Aussenac-Gilles, N., Krivine, J.-P., et Sallantin, J. (1992). L'acquisition des connaissances pour les systèmes à base de connaissances. Editorial de la Revue Intélligence Artificielle, vol. 6(1-2), p. 7-18, 1992.

Aussenac-Gilles, N., Laublet, P., & Reynaud, C. (1996). Acquisition et ingénierie des connaissances : tendances actuelles. Toulouse, France : Cépaduès.

Aybuke A., and Claes W., (2005). Engineering and Managing Software Requirements. Springer-Verlag Berlin, 2005.

Bach, T. L. (2006). Construction d'un web sémantique multi-points de vue. Unpublished doctoral dissertation, École des Mines de Paris à Sophia Antipolis, France.

Bachimont, B. (1999). L'intelligence artificielle comme écriture dynamique : de la raison graphique à la raison computationnelle. Grasset, Paris, 1999.

Behja, H., Trousse, B., & Marzak, A. (2005). Prise en compte des points de vue pour l'annotation d'un processus d'Extraction de Connaissances à partir de Données. In S. Pinson & N. Vincent (Eds.), Revue des Nouvelles Technologies de l'Information (RNTI-E-3) : Vol. 1. (pp. 245-256). Cépaduès-Editions.

Behja H. (2009). Plateforme objet d'évaluation orientée point de vue d'un système d'information. Thèse de doctorat de la faculté des Sciences Ben M'Sik, Casablanca, Maroc, Février 2009.

Behja, H., Zemmouri, E., & Marzak, A. (2010). Viewpoint-based annotations for knowledge discovery in databases. In Proceedings of IEEE International Conference on Machine and Web Intelligence ICMWI (pp. 299-302), Algiers, Algeria.

Becker, R.A., Chambers, J.M. (1984). S: An Interactive Environment for Data Analysis and Graphics. Chapman and Hall, 1st edition, February 1984.

Ben Ahmed, W. (2005). Safe Next : une approche systémique pour l'extraction de connaissances de données. Unpublished doctoral dissertation, Ecole Centrale de Paris, France.

Bernstein, A., Provost, F., & Hill, S. (2005). Towards intelligent assistance for a data mining process: an ontology based approach for cost-sensitive classification. IEEE Transactions on Knowledge and Data Engineering, 17(4), 503-518. doi:10.1109/TKDE.2005.67.

Berthet D., Bonjour M., De Besse B., Falquet G., Leonard M., Sindayamaze J. (1994) ConcepTerm : Construction de dictionnaires encyclopédiques multilingues et informatisés. Rapport technique, CUI, Université de Genève.

Bézivin, J. (2005). On the unification power of models. Software and System Modeling 4(2), pp. 171-188, Springer-Verlag 2005.

Blazquez, M., Fernandez, M., Garcia-Pinar, J. M., Gomez-Perez, A. (1998). Building Ontologies at the Knowledge Level using the Ontology Design Environment. In Proceedings of the Banff Workshop on Knwoledge Acquisition for Knwoledge-based Systems, 1998.

Bobrow, D. G., & Winograd, T. (1977). An overview of KRL, a knowledge representation language. Cognitive Science, 1(1), pp. 3-45.

Bobrow, D. G., & Stefik, M. J. (1982). LOOPS: data and object oriented Programming for Interlisp. European AI Conference, Orsay, France.

Boehm, B. (1998). A spiral model of software development and enhancement. IEEE Computer, Vol. 21(5), pp. 61–72.

Borst, W. (1997). Construction of Engineering Ontologies. PhD thesis, Institute for Telematica and Information Technology, University of Twente, Enschede, The Netherlands.

Bouquet P., Giunchiglia F., van Harmelen F., Serafini L., & Stuckenschmidt H. (2003). C-OWL: Contextualizing Ontologies. International Semantic Web Conference 2003, pp. 164-179.

Bouquet P., Giunchiglia F., van Harmelen F., Serafini L., & Stuckenschmidt H. (2004). Contextualizing Ontologies. In Journal of Web Semantics.

Brachman, R., and Anand, T. (1996). The Process of Knowledge Discovery in Databases: A Human-Centered Approach. In Fayyad, U. M., Piatetsky-Shapiro, G., Smyth, P. and Uthurusamy, R. (eds) Advances in Knowledge Discovery and Data Mining. AAAI Press, 37–58

Brisson, L., Collard, M., Pasquier, N. (2006). Ontologie et base de connaissances pour le prétraitement et le post-traitement en fouille de données. Atelier Fouille de Données Complexe de la conférence EGC'2006 sur l'Extraction et la Gestion des Connaissances, Lyon, France.

Brodley, C. and Smyth, P. (1997). Applying classification algorithms in practice. Statistics and Computing 7, pp. 45–56.

Brunk, C., Kelly, J. & Kohavi, R. (1997). MineSet: an integrated system for data mining. In D. Heckerman, H. Mannila, D. Pregibon & R. Uthurusamy, eds. Proceedings of the third international conference on Knowledge Discovery and Data Mining, AAAI Press, pp. 135-138.

Cabena, P., Hadjinian, P., Stadler, R., Verhees, J. and Zanasi, A. (1998). Discovering Data Mining: From Concepts to Implementation. Prentice Hall.

Cannatro, M., and Comito, C., (2003). A data mining ontology for grid programming. In Proceedings of 1st International Workshop on Semantics in Peer-to-Peer and Grid Computing, in conjunction with WWW2003 (pp. 113-134).

Carré, B., Dekker, L., & Geib, J. M. (1990). Multiple and evolutive représentation in the ROME language. In Proceedings of TOOLS'90 (pp. 101-109).

Chapman, P., Clinton, J., Kerber, R., Khabaza, T., Reinartz, T., Shearer, C., & Wirth, R. (1999). CRISP-DM 1.0 Step-by-step data mining guide. (Tech. Rep.) CRISM-DM consortium. Retrieved from, http://www.crispdm.org

Charlet J., Zacklad M., Kassel G., et Bourigault D. (2000). Ingénierie des connaissances, évolution récentes et nouveaux défis. Editions Eyrolles Paris 2000.

Charrel, P.J., Rothenburger, B., Trousse, B., et Vogel, C. (1996). Etat de l'art sur les points de vue en Sémiotique, Linguistique et Informatique. Rapport D1.1 de l'Action de Recherche et Technologie "Etude des points de vue dynamiques, contrat CNES/INRIA 871/94/CNES/1492", 50 pages. Juin 1996.

Chbihi Louhdi, M. R., Behja, H., Ouatik El Alaoui, S. (2013) Transformation rules for building owl ontologies from relational databases. In proceeding of Second International Conference on Advanced Information Technologies and Applications (ICAITA-2013), pp. 271–283, November 02-03, 2013, Dubai, UAE.

Chung L., Nixon B., Yu E. and Mylopoulos J., (2000). Non-functional requirements in software engineering. Kluwer Academic, Boston, 2000.

Cios, K.J. and Kurgan, L. (2005). Trends in data mining and knowledge discovery. In Pal, N. and Jain, L. (eds) Advanced Techniques in Knowledge Discovery and Data Mining. Springer, pp. 1-26.

Cios, K.J., Pedrycz, W., Swiniarski, R.W., Kurgan, L.A. (2007). Data Mining: A Knowledge Discovery Approach. Springer, 2007.

Cios, K.J., Teresinska, A., Konieczna, S., Potocka, J., Sharma, S. (2000). A knowledge discovery approach to diagnosing myocardial perfusion. Engineering in Medicine and Biology Magazine, IEEE, Vol. 19(4), pp. 17–25.

Corcho, Ó., Fernández-López, M., Gómez-Pérez, A. (2002). WebODE: An integrated workbench for ontology representation, reasoning, and exchange. In: 13th International Conference on Knowledge Engineering and Knowledge Management. Ontologies and the Semantic Web (EKAW'02), September 30, 2002..

D'Aquin, M. (2005). Un portail sémantique pour la gestion des connaissances en cancérologie. Thèse de Doctorat de l'université Henri Poincaré, Nancy 1.

Dardenne A., Lamsweerde A., Fickas, S. (1993). Goal-directed Requirements Acquisition. Science of Computer Programming, 20, Elsevier, pp.3-50.

Davis H. (1987). Views : Multiple perspectives and structured objects in a knowledge representation language. Master's thesis, MIT 1987.

Dechilly, T., Bachimont, B. (2000). Une ontologie pour éditer des schémas de description audiovisuels, extension pour l'inférence sur les descriptions. In Actes des journées francophones d'Ingénierie des Connaissances (IC'2000).

Dekker L. (1994). FROME : Représentation multiple et classification d'objets avec points de vue. Thèse de doctorat, Université des Sciences et Technologies de Lille, Laboratoire d'Informatique Fondamentale de Lille, Juin 1994.

Dekker, L., & Carré, B. (1992). Multiple and dynamic representation of frames with points of view in FROME. In Proceedings of Représentation Par Objets (pp. 97-111). La Grande Motte.

Diamantini, C., Potena, D., & Storti, E. (2009). Ontology-driven KDD process composition. In N. M. Adams, C. Robardet, A. Siebes, & J.-F. Boulicaut (Eds.), Lecture Notes in Computer Science: Vol. 5772, Advances in Intelligent Data Analysis VIII (pp. 285-296). Springer Verlag. doi:10.1007/978-3-642-03915-7.

Diamantini C., Potena D., and Storti E. (2010). Supporting Users in KDD Process Design: a Semantic Similarity Matching Approach. In Proc. of the 3rd Planning To Learn Workshop at ECAI 2010, pages 27-34, Lisbon, Portugal, 17 August 2010.

Dieng, R., Corby, O., Gandon, F., Giboin, A., Golebiowska, J., Matta, N. & Ribière, M. (2001). Méthodes et outils pour la gestion des connaissances : une approche pluridisciplinaire du knowledge management. Dunod Edition Informatiques Séries Systèmes d'Information, $2^{\text{ième}}$ édition.

Dingsøyr, Torgeir, Dybå, Tore and Moe, Nils Brede (eds.) (2010). Agile Software Development: Current Research and Future Directions. Springer, Berlin Heidelberg, 1st edition, June 2010.

Euler, T. (2005). Publishing operational models of data mining case studies. In Proceedings of Workshop on Data Mining Case Studies at the 5th IEEE ICDM (pp. 99-106), Houston, Texas, USA.

Falquet G., Mottaz Jiang C.L. (2000). Conflict Resolution in the Collaborative Design of Terminological Knowledge Bases. In Proc. EKAW2000, Juan-les-Pins, France, 2000, LNAI 1937, Springer Verlag

Falquet G., Mottaz Jiang C.L. (2001). Navigation hypertexte dans une ontologie multi-points de vue. In Proc. NimesTIC-01 conf., Nîmes, France, December 2001.

Falquet G., Mottaz Jiang C.L. (2002). A Model for the Collaborative Design of Multi-Point-of-View Terminological Knowledge Bases. In R. Dieng and N. Matta (Eds) Knowledge Management and Organizational Memories, Kluwer, 2002.

Fayyad, U. M., Piatetsky-Shapiro, G., & Smyth, P. (1996a). The KDD process for extracting useful knowledge from volumes of data. Communications of the ACM, 39(11), pp. 27-34.

Fayyad, U. M., Piatetsky-Shapiro, G., and Smyth, P. (1996b). From data mining to knowledge discovery: an overview. In Fayyad, U. M., Piatetsky-Shapiro, G., Smyth, P. and Uthurusamy, R. (eds) Advances in Knowledge Discovery and Data Mining. AAAI Press, pp. 1-34.

Fayyad, U. M., Piatetsky-Shapiro, G. and Smyth, P. (1996c). Knowledge discovery and data mining: towards a unifying framework. In Proceedings of the 2nd International Conference on Knowledge Discovery and Data Mining, Portland, OR, pp. 82–88.

Fayyad, U. M., Uthurusamy R., (2002). Evolving data mining solutions for insights. In Communication of the ACM, Vol. 45(8), pp. 28-31, August 2002.

Fayyad, U. M., Piatesky-Shapiro, G., Smyth, P. and Uthurusamy, R. (1996a). Advances in Knowledge Discovery and Data Mining. AAAI Press.

Fayyad, U. M., Piatetsky-Shapiro, G. and Smyth, P. (1996e). From data mining to knowledge discovery in databases. AI Magazine, Vol. 17(3), pp. 37–54.

Fayyad, U. M., Haussler, D. and Stolorz, P. (1996f). KDD for science data analysis: issues and examples. In Proceedings of the 2nd International Conference on Knowledge Discovery and Data Mining, Portland, OR, pp. 50–56.

Fernández-López, M., Gómez-Pérez, A., Juristo, N. (1997) METHONTOLOGY: From Ontological Art Towards Ontological Engineering. Spring Symposium on Ontological Engineering of AAAI. Stanford University, California, pp. 33–40.

Fisher, R. A. (1936). The use of multiple measurements in taxonomic problems. Annual Eugenics 7(part II), p.179–188. Reprinted in Contributions to Mathematical Statistics, 1950. New York, John Wiley.

Finkelstein, A., Kramer, J., & Goedicke, M. (1990). Viewpoint oriented software development. In Proceedings of International Workshop on Software Engineering and its Applications, Toulouse, France.

Frawley, W., Piatesky-Shapiro, G. and Matheus, C. (1991). Knowledge discovery in databases: an overview. In Piatesky-Shapiro, G. and Frowley, W. (eds) Knowledge Discovery in Databases. AAAI/MIT Press, pp. 1–27.

Fürst, F. (2002). L'ingénierie ontologique. Rapport de recherche 02-07, Institut de Recherche en Informatique de Nantes.

Gamma, E., Helm, R., Johnson, R., Vlissides, E., John, M. (1995). Design patterns: elements of reusable object-oriented software. Addison-Wesley.

Gançarski, P., Trousse, B., editors. (2004) 1er atelier sur la Fouille de données complexes dans un processus d'extraction des connaissances, EGC'04.

Gantz, J. F., and Reinsel, D. (2011). The 2011 Digital Universe study, "Extracting Value from Chaos" reveals all. An IDC white paper - Sponsored by EMC, June 2011.

Gesche S. (2008). Confrontation enrichissante de points de vue-opinion Définition, modélisation et instrumentation. Thèse de doctorat L'institut national des sciences appliquées de Lyon.

Ghidini C., Giunchiglia F. (2001). Local Models Semantics, or Contextual Reasoning = Locality + Compatibility. Artificial Intelligence, Vol. 127(2), pp. 221-259.

Giorgini P., Nicchiarelli E., Mylopoulous J., and Sebastiani R., (2004). Formal Reasoning Techniques for Goal Models. Journal on Data Semantics, LNCS, Vol. 2800/2003, pp. 1-20, Springer, 2004.

Giorgini P., Rizzi S., and Garzetti M., (2005). Goal-oriented requirement analysis for data warehouse design. In Proceedings of the 8th ACM international workshop on Data warehousing and OLAP (DOLAP '05), pp 47-56, ACM, New York, NY, USA, 2005.

Glinz M., (2007). On Non-Functional Requirements. 15th IEEE International Requirements Engineering Conference RE 2007, pp. 21-26, October 2007.

Goldstein I. & Bobrow D. (1980). Descriptions for a programming environment. In Proc. of the first Annual conference on artificial intelligence, AAAI-1, pp. 18-21, Stanford California, August 1980.

Gruber, T.R. (1993). A Translation Approach to Portable Ontologies. Knowledge Acquisition, 5(2):199–220, 1993.

Gruninger, M., Fox, M.S. (1995). Methodology for the design and evaluation of ontologies. In Skuce, D. (eds.), IJCAI95 Workshop on Basic Ontological Issues in Knowledge Sharing.

Guarino, N., and Giaretta, P. (1995). Ontologies and Knowledge Bases: Towards a Terminological Clarification. In N. Mars, editor, Towards Very Large Knowledge Bases: Knowledge Building and Knowledge Sharing, pages 25–32. IOS Press, Amsterdam, 1995.

Guarino, N. (1998). Formal Ontology and Information Systems. Formal Ontology in Information Systems. IOS Press, 1998.

Guzelian G., Cauvet C., Ramadour P., (2004). Conception et réutilisation de composants : une approche par les buts. Actes du Congrès Inforsid 2004, Editeur Hermès.

Hand, D. J. (1981). Discrimination and Classification. Wiley, Chichester, U.K.

Hand, D. J. (1994). Deconstructing statistical questions. Journal of Royal Statistical Society, pp. 317–356.

Hernandez, N. (2005). Ontologies de domaine pour la modélisation du contexte en recherche d'inrofmation. Thèse de doctorat, Université de Toulouse.

Hilario, M., Nguyen, P., Do, H., Woznica, A., & Kalousis, A., (2011). Ontology-based meta-mining of knowledge discovery workflows. In N. Jankowski, W. Duchs, & K. Grabczewski (Eds.), Studies in Computational Intelligence, Vol. 358/2011, Meta-Learning in Computational Intelligence, (pp. 273-315), Springer Verlag. doi: 10.1007/978-3-642-20980-2_9.

Horridge M., Drummond N., Jupp S., Moulton G., Stevens R., (2009). A Practical Guide To Building OWL Ontologies Using Protégé 4 and CO-ODE Tools Edition 1.2. Technical report University Of Manchester, March 13, 2009.

Horrocks, I., Patel-Schneider, P. F., Boley, H., Tabet, S., Grosof, B., and Dean, M. (2004). SWRL: A Semantic Web Rule Language Combining OWL and RuleML. W3C Member Submission, 21 May 2004. Available at http://www.w3.org/Submission/SWRL/.

Jacobson, I., Christerson, M., Jonsson P., Övergaard G. (1992). Object-Oriented Software Engineering - A Use Case Driven Approach. Addison-Wesley.

Jain, A. K., and Dubes, R. C. (1988). Algorithms for Clustering Data. Prentice Hall Advanced Reference Series : Computer Science.

Jarvis R., McArthur G., Mylopoulos J., Rodriguez-Gianolli P., and Zhou S., (2001). Semantic Models for Knowledge Management. In Proceedings of the Second International Conference on Web Information Systems Engineering WISE'01, Vol. 1, pp. 8-16, IEEE Computer Society, Washington, DC, USA, 2001.

Kassel, G., Abel, M., Barry, C., Boulitreau, P., Irastorza, C., Perpette, S. (2000). Construction et exploitation d'une ontologie pour la gestion des connaissances d'une équipe de recherche. In Actes des journées francophones d'Ingénierie des Connaissances (IC'2000).

Kavakli, E., & Loucopoulos, P. (2004). Goal Modeling in Requirements Engineering: Analysis and Critique of Current Methods. In J. Krogstie, T. Halpin, & K. Siau (Eds.), Information Modeling Methods and Methodologies: Advanced Topics in Database Research (pp. 102-124). Hershey, PA: Idea Group Publishing.

Khouri S., Bellatreche L., and Marcel P., (2011). Towards a Method for Persisting Requirements and Conceptual Models in Data Warehousing Context. 27ième Journées Bases de Données Avancées BDA2011, Rabat, Morocco, October 2011.

Kietz, J-U., Serban, F., & Bernstein, A. (2010). eProPlan: A tool to model automatic generation of data mining workflows. In P. Brazdil, A. Bernstein, & J-U. Kietz (Eds.), Proceedings of the 3rd Planning to Learn Workshop (WS9) at ECAI 2010.

Klosgen, W. Zytkow, J. (1996). Knowledge discovery in databases terminology. In Fayyad, U, Piatetsky-Shapiro, G, Smyth, P and Uthurusamy, R (eds) Advances in Knowledge Discovery and Data Mining. AAAI Press, pp. 573–592.

Kriouile, A. (1995). VBOOM : une méthode orientée objet d'analyse et de conception par points de vue. Unpublished doctoral dissertation, University Mohammed V, Rabat, Morocco.

Kumar M., Gosain A., and Singh Y., (2010). Stakeholders Driven Requirements Engineering Approach for Data Warehouse Development. Journal of Information Processing Systems, Vol. 6(3), pp. 385-402, 2010.

Kurgan, L. A., and Musilek, P. (2006). A survey of Knowledge Discovery and Data Mining process models. The Knowledge Engineering Review, Cambridge University Press, USA, Vol. 21(1), pp. 1-24, March 2006.

Lamsweerde A. (2001). Goal-oriented requirements engineering: a guided tour. RE'01 International Joint Conference on Requirements Engineering, Toronto, IEEE, pp.249-263.

Lamsweerde A., and Letier E. (2000). Handling obstacles in goal-oriented requirements engineering. IEEE Transactions on Software Engineering, Special Issue on Exception Handling, Vol. 26(10), pp. 978-1005.

Le Moigne J-L : La théorie du Système Général, théorie de la modélisation, P.U.F., Paris, 1977, 3ième édition mise à jour, 1990.

Marcaillou-Ebersold S. (1995). Intégration de la notion de points de vue dans la modélisation par objets : le langage VBOOL. PhD thesis, University of Toulouse, France.

Marino, O. (1993). Raisonnement classificatoire dans une représentation objets multi-points de vue. PhD thesis, Université Joseph Fourier – Grenoble 1.

Martin, W. (1979). Description and Specialization of Concepts. In Patrick Winston and Richard Brown, Eds. Artificial Intelligence, MIT Press, Cambridge.

Meyer B. (1992). Eiffel : the Language. Prentice Hall International (U.K), Ltd,1992.

Mierswa, I., Wurst, M., Klinkenberg, R., Scholz, M., and Euler, T. (2006). YALE: Rapid Prototyping for Complex Data Mining Tasks. In Proceedings of the 12th ACM SIGKDD International Conference on Knowledge Discovery and Data Mining (KDD-06), 2006.

Mili, H., Dargham, J., & Mili, A. (2000). Views: A framework for feature-based development and distribution of OO applications. In Proceedings of the 33rd Hawaii International Conference on System Sciences Vol. 8 (pp.8049), Honolulu, HI. doi:10.1109/HICSS.2000.927011

Minsky, M. (1975). A framework for representing knowledge. In Patrick Henry Winston (Ed.), The Psychology of Computer Vision. McGraw-Hill, New York, U.S.A.

Morik, K., & Scholz, M. (2004). The MiningMart approach to knowledge discovery in databases. In N. Zhong & J. Liu (Eds.), Intelligent Technologies for Information Analysis (pp. 47-65). Springer Verlag.

Mylopoulos, J., Chung, L. and Yu, E., (1999). From Object-Oriented to Goal-Oriented Requirements Analysis. Communications of the ACM, Vol. 42 No. 1, pp. 31-37, January 1999.

Nassar M. (2004). VUML : une extension UML orientée point de vue. Unpublished doctoral dissertation, ENSIAS, Rabat, Morocco.

Nguyen G. T., Rieu D. & Escamilla J. (1992). An Object Model for Engineering Design. In Proc. of European Conference on Object-Oriented Programming. ECOOP'92. Lecture Notes in Computer Science vol. 615. Springer-Verlag.

Noy, N.F., Fergerson, R.W., Musen, M.A. (2000). The knowledge model of Protege-2000: Combining interoperability and flexibility. In Dieng R, Corby O (eds) 12th International

Conference on Knowledge Engineering and Knowledge Management (EKAW'00). Juan-Les-Pins, France. (Lecture Notes in Artificial Intelligence LNAI 1937) Springer-Verlag, Berlin, Germany, pp. 17–32.

Nuseibeh, B., Kramer J., Finkelstein, A., (1994). A framework for expressing the relationships between multiple views in requirements specification. In IEEE Transactions on Software Engineering, volume 20, pp. 760-773.

Nuseibeh B., and Easterbrook S., (2000). Requirements engineering: a roadmap. In Proceedings of the Conference on The Future of Software Engineering ICSE '00, ACM, New York, NY, USA, pp. 35-46, 2000.

O'Connor, M., Musen, M., & Das, A. (2009). Using the Semantic Web Rule Language in the Development of Ontology-Driven Applications. In A. Giurca, D. Gasevic, & K. Taveter (Eds.), Handbook of Research on Emerging Rule-Based Languages and Technologies: Open Solutions and Approaches (pp. 525-539). Hershey, PA: Information Science Reference.

Potena D. and Diamantini C. (2005). Description of Knowledge Discovery Tools on KDTML. In Proc. of Computer and Their Applications track of the 1st Int. conf. CCSP 2005, Kuala Lumpur, Malaysia, Nov 14-16 2005.

Ribière M. (1999). Représentation et gestion de multiples points de vue dans le formalisme des graphes conceptuels. Thèse de doctorat, Université de Nice-Sophia Antipolis, 1999.

Ribière M., & Dieng-Kuntz R. (2002). A Viewpoint model for cooperative Building of an Ontology. In U. Priss, D. Corbett, & G. Angelova(Eds.), Lecture Notes in Computer Science: Vol. 2393, Conceptual Structures: Integration and Interfaces (pp. 220-234). Springer Verlag. doi: 10.1007/3-540-45483-7_17.

Reinartz, T. (2002). Stages of the discovery process. In Klosgen, W. and Zytkow, J. (eds) Handbook of Data Mining and Knowledge Discovery. Oxford University Press, pp. 185-192.

Romei A., Ruggieri S., Turini F. (2006). KDDML: a middleware language and system for knowledge discovery in databases. Data and Knowledge Engineering. Vol 57, Issue 2, May 2006, pp. 179-220.

Rolland, C., and Salinesi, C., (2005). Modeling Goals and Reasoning with Them. In Aybüke Aurum and Claes Wohlin (Eds.). Engineering and Managing Software Requirements, pp.189-217, Springer-Verlag 2005.

Royce, W. (1970). Managing the development of large software system concepts and techniques. In Proceedings of the WESCON, IEEE, pp. 1–9.

Schreiber, A., Akkermans, J. M., Anjewierden, A., Hoog, R., Shadbolt, N. Van de Velde, W., & Wielinga, B. J. (2000). Knowledge engineering and management: The CommonKADS methodology. MIT Press, Cambridge, Massachusetts, London.

Shannon, C. E., and Weaver, W. (1949). The Mathematical Theory of Information. Urbana, University of Illinois Press.

Shaw Mildred L. G., Gaines Brian R. (1989). Comparing Conceptual Structures; Consensus, Conflict, Correspondance and Contrast, Knowledge Science Institute, University of Calgary.

Shearer, C. (2000). The CRISP-DM model: the new blueprint for data mining. Journal of Data Warehousing, Vol. 15(4), pp. 13–19.

Sowa J. (1984). Conceptual Structures: Information Processing In Mind and Machine. Addison-Wesley Longman Publishing Co., Inc. Boston, MA, USA.

Stefik M. J., Bobrow D. G. (1985). Object oriented programming : Themes and variations. A.I. Magazine, Vol. 6(4), pp. 40-62.

Studer, R., Benjamins, R., and Fensel, D. (1998). Knowledge engineering: Principles and methods. Data & Knowledge Engineering, 25(1–2), pp. 161–198.

Talia, D., Trunfio, P., Verta, O. (2008). The Weka4WS framework for distributed data mining in service-oriented Grids. Concurrency and Computation: Practice and Experience, Vol. 20, N.16, pp. 1933-1951, Wiley InterScience, November 2008.

Tanasa, D. (2005). Web usage mining: contributions to Intersites Logs Preprocessing and sequential Pattern Extraction with low support. Thèse de Doctorat d'Université, Nice Sophia-Antipolis, 2005.

Trousse, B. (1998). Viewpoint management for cooperative design. In Proceedings of the the IEEE Computational Engineering in Systems Applications (CESA'98), Nabeul-Hammamet, Tunisia.

Uschold, M., King, M. (1995). Towards a Methodology for Building Ontologies. In. Skuce D (eds), IJCAI'95 Workshop on Basic Ontological Issues in Knowledge Sharing.

Vogel, C. (1989). Knowledge Oriented Design (KOD): la mise en oeuvre, Editions Masson.

W3C. (2004). SWRL: A Semantic Web Rule Language Combining OWL and RuleML. http://www.w3.org/Submission/SWRL/

Weiss, S. I., and Kulikowski, C. (1991). Computer Systems That Learn: Classification and Prediction Methods from Statistics, Neural Networks, Machine Learning, and Expert Systems. Morgan Kaufmann, San Francisco.

Wirth, R. and Hipp, J. (2000). CRISP-DM: towards a standard process model for data mining. In Proceedings of the 4th International Conference on the Practical Applications of Knowledge Discovery and Data Mining, Manchester, UK, pp. 29–39.

Witten, H., Frank, E., and Hall, M.A. (2011). Data Mining: Practical machine learning tools and techniques. Morgan Kaufmann Series in Data Management Systems, 3rd edition, January 2011.

Zemmouri, E., Behja, H., & Marzak, A. (2009). OntoECD : une ontologie pour le processus d'ECD. In Proceedings of the WOTIC Workshop, Agadir, Morocco, (pp 24-25).

Zemmouri, E., Behja, H., & Marzak, A. (2010). Architecture web service d'un processus d'ECD multiutilisateur. In Proceedings of IEEE NGNS'10, Marakech, Morocco (pp. 171-177).

Zemmouri, E., Behja, H., Marzak, A., Trousse, B. (2011). Intégration des connaissances de domaine dans un processus d'ECD multi-vues. In Proceedings of 4èmes Journées Francophones sur les Ontologies JFO2011, pp. 73-85, Montréal, Canada, June 22-23, 2011.

Zemmouri, E., Behja, H., Marzak, A., & Trousse, B. (2012a). Ontology-Based Knowledge Model for Multi-View KDD Process. International Journal of Mobile Computing and Multimedia Communications (IJMCMC), 4(3), 21-33. doi:10.4018/jmcmc.2012070102

Zemmouri, E., Behja, H., & Benghabrit, Y. (2012b). OntoECD: A CRISP-DM Based Ontology for KDD Process and Data Mining. Journées Doctorales en Technologies de l'Information et de la Communication JDTIC'12, Casablanca, 08-10 novembre 2012.

Zemmouri, E., Behja, H., Ouhbi, B., Trousse, B., Marzak, A., & Benghabrit, Y. (2013). Goal Driven Approach to Model Interaction between Viewpoints of a Multi-view KDD Process. JMM Journal, selected from the 4th International Conference on Next Generation Networks and Services NGNS'12, Algarve, Portugal, December 02-04, 2012.

Zighed, D. A., Rakotomalala, R. (2002). Extraction de connaissances à partir de données (ECD). In Techniques de l'Ingénieur, H 3 744.

Annexes

Annexe 1 – Visualisation de l'ontologie OntoECD

La figure A1.1 présente la taxonomie générale de l'ontologie OntoECD obtenue à l'aide de l'outil de visualisation OWL Viz[37] intégré comme plugin dans l'éditeur d'ontologies Protégé. OWL Viz permet une navigation incrémentale et progressive dans la hiérarchie des classe (les classes et la relation de subsumption is-a) d'une ontologie OWL. Il permet aussi la comparaison entre la hiérarchie des classes affirmée (Asserted Model) et la hiérarchie des classes inférée (Inferred Model).

La figure A1.2 présente une visualisation de l'ontologie OntoECD à l'aide de l'outil OntoGraf[38] intégré aussi comme plugin dans Protégé. Cette visualisation est plus riche que celle de OWL Viz. En effet OntoGraf permet de représenter les relations non taxonomiques de l'ontologie ainsi que leurs propriétés.

---

37. http://protegewiki.stanford.edu/wiki/OWLViz
38. http://protegewiki.stanford.edu/wiki/OntoGraf

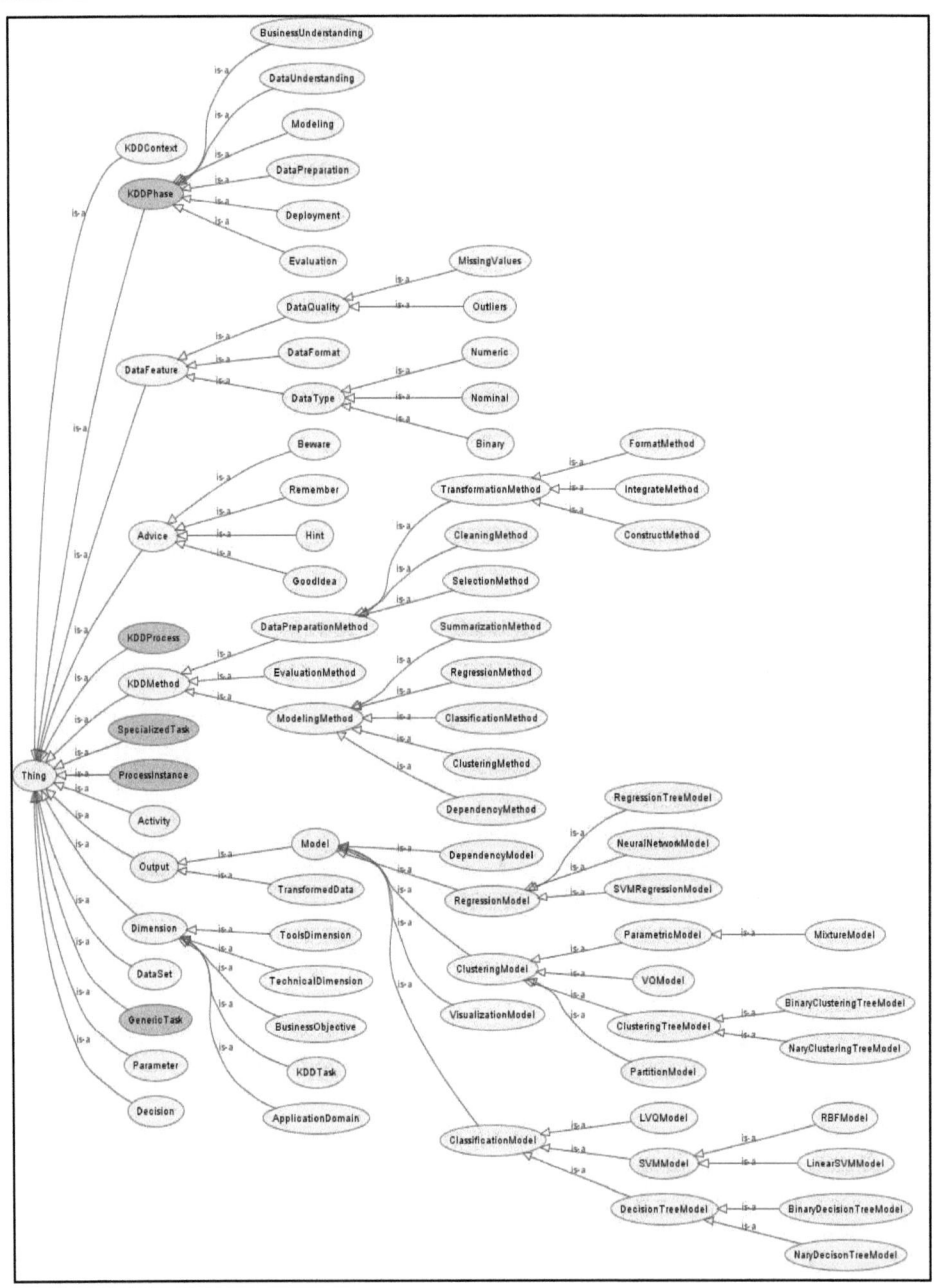

Figure A1.1. *Taxonomie générale de l'ontologie OntoECD*

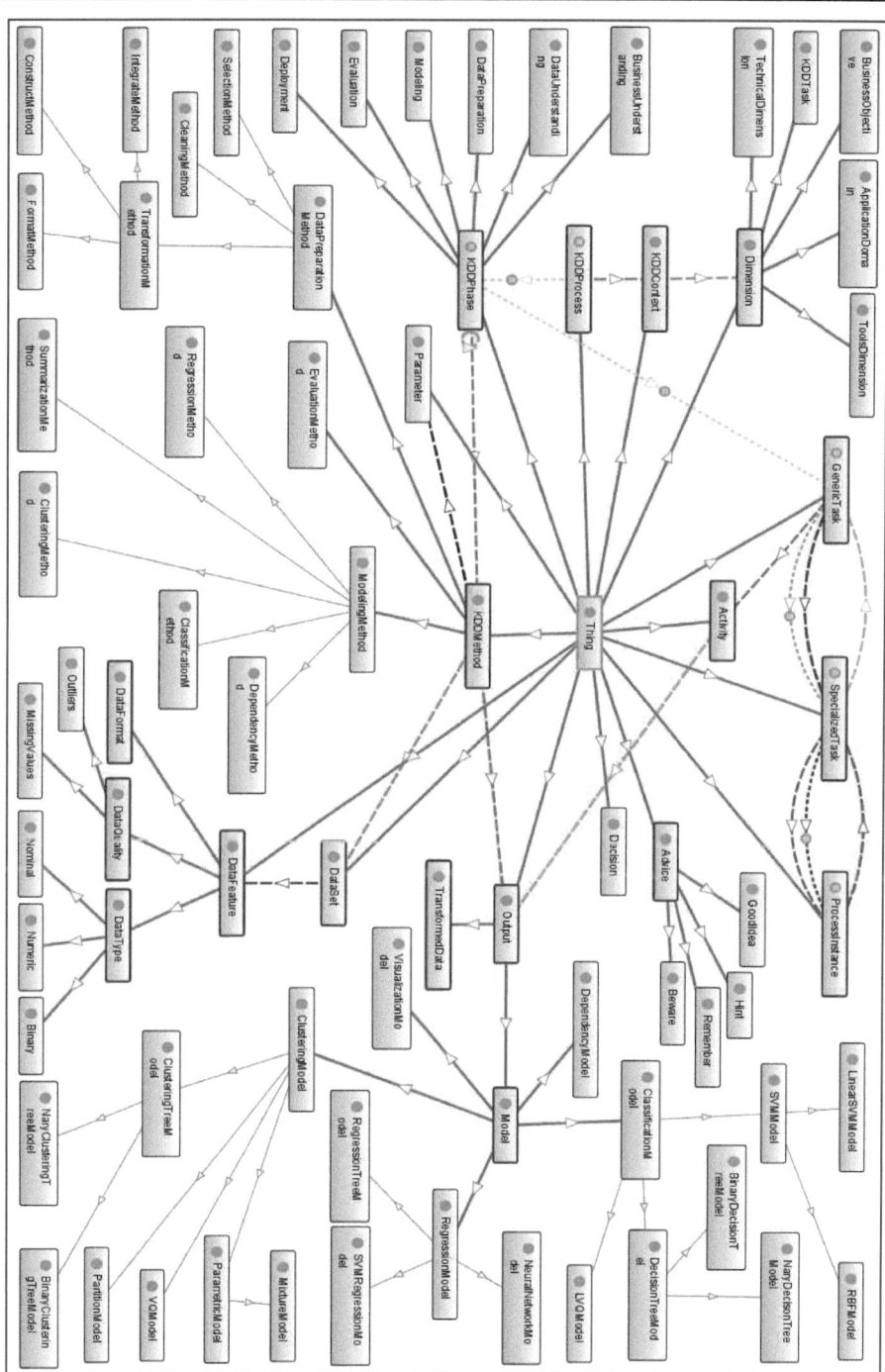

Figure A1.2. *Graphe de l'ontologie OntoECD*

Annexe 2 – Tâches génériques et livrables d'un processus d'ECD

Le modèle de référence CRISP-DM décrit le cycle de vie d'un projet de fouille de données. Il contient les phases d'un projet, leurs tâches respectives et les relations entre ces tâches. Le cycle de vie d'un projet de fouille de données consiste en six phases. Dans chaque phase, les experts du projet sont amenés à réaliser un certain nombre de tâches et préparer les livrables (sorties) y afférant.

Le tableau suivant présente un aperçu des phases accompagnées des tâches génériques (en gras) et des sorties (en italique). Le lecteur intéressé par les détails concernant ces tâches génériques et les activités correspondantes peut se référer au guide CRISP-DM (Chapman et al., 1999).

Tableau 7. Tâches génériques et livrables d'un processus d'ECD selon CRISP-DM

Business understanding	Data understanding	Data preparation	Modeling	Evaluation	Deployment
Determine business objectives • Background • Business objectives • Business success criteria **Assess situation** • Inventory of resources • Requirements, assumptions and constraints • Risks and contingencies • Terminology • Costs and benefits **Determine data mining goals** • Data mining goals • Data mining success criteria **Produce project plan** • Project plan • Initial assessment of tools and techniques	**Collect initial data** • Initial data collection report **Describe data** • Data description report **Explore data** • Data exploration report **Verify data quality** • Data quality report	• Dataset • Dataset description **Select data** • Rationale for inclusion/exclusion **Clean data** • Data cleaning report **Construct data** • Derived attributes • Generated records **Integrate data** • Merged data **Format data** • Reformatted data	**Select modeling technique** • Modeling technique • Modeling assumptions **Generate test design** • Test design **Build model** • Parameter settings • Models • Model description **Assess model** • Model assessment • Revised parameter settings	**Evaluate results** • Assessment of data mining results with respect to business success criteria • Approved models **Review process** • Review of process **Determine next steps** • List of possible actions • Decision	**Plan deployment** • Deployment plan **Plan monitoring and maintenance** • Monitoring and maintenance plan **Produce final report** • Final report • Final presentation **Review project** • Experience documentation

Annexe 3 – Liste exhaustive des critères du point de vue en ECD

Tableau 8. *Liste exhaustive des critères du point de vue en ECD*

Phases	Attributes	Remark, definition or special values

Business understanding	Business objective
	Business success criteria
	Business area
	
	Project resources
	+Data
	  -Data source
	  -Data source type
	+Knowledge
	  -Knowledge source
	  -Knowledge type
	+personnel
	+computing (hardware)
	+software
	Requirements
	Assumptions
	Constraints
	Risks – Contingencies
	Terminology
	Costs and Benefits
	
	KDD Task (*)
	KDD success criteria (*)
	  +Model accuracy
	  +Model performance
	  +Model complexity
	
	Initial project plan
	Assessment of tools and techniques
		"Informal description of the business goal."
		
		Depends on analyzed domain. Example: {Marketing, Customer …}
		
		Potential data sources
		
		{online, local, distributed …}
		
		{experts, ontology, documents …}
		{domain expert, SI admin, DB admin, tech support …}
		
		{Description, classification, clustering, associations}
		Expected model accuracy

Data Understanding	Data locations
	Datasets (list)
	Sources
	Collect methods
	Problems
	Selection criteria
	
	Data description
	+ Data format
	+ Data quantity
	  - number of fields (*)
	  - number of records (*)
	  - number of classes (*)
	  - number of symbolic attributes (*)
	  - duplicate ratio (*)
	+ Attributes list (names)
	+ attribute data types (*)
	+opType (see PMML) (*)
	+ target class
	+ target data type (*)
	
	Data quality
	+ has missing values (*)
	+ has inconsistent values (errors) (*)
	+ has outlier values (*)
	+ ? complete (*)
	
	Data exploration
	+Basic statistical (*)
		
		{csv, arff, DB ...}
		
		{string, integer, float ...} see PMML
		{categorical (symbolic), continuous (numeric), ordinal}
		
		AVG, Min, Max, std deviation, variance, skewness ...
		(for each attribute)

Data Preparation	Dataset
	Data selection method (and param)
	Data selection criteria
	
	Data cleaning method (*)
	+missing handling
	  -messing details
	+outliers handling
	  -outliers details
	+duplicates handling
	  -duplicates details
	+errors handling
	  -errors details
	
	Data Transformation (*)
	+Method
	+Parameters
	Derived Attributes
	Merged data
	Reformatted data
		
		{relevance, quality, technical constraints ...}
		
		{correct, remove, ignore ...}
		
		{Normalization, Discretization, Value Mapping, Functions, Aggregation, Feature reduction, Example reduction, feature creation ...}

Modeling	Modeling Technique (*)
	Modeling assumptions
	  +Data format (*)
	  +Data quality (*)
		DM Algorithm, Selected Model

	Test Design (*)
	  +Options
	  +Training Dataset
	  +Test Dataset
	  +Validation Dataset
		{Bootstrap, 10-fold cross validation, LeaveOneOut}

	Parameter settings
	  +Parameter
	  +Value	

	Model (Final Model Location) Model description +Estimated Model Accuracy (*)	a PMML file

	Model Assessments
	  +Model Quality
	    -DM success criteria achieved (*)
	Revised Parameter settings	

Evaluation	Business success criteria achieved Approved Model Improvement suggestions List of possible actions Decision	
Deployment	Deployment plan Monitoring plan Maintenance plan Final report Final presentation Experience documentation	

i want morebooks!

Buy your books fast and straightforward online - at one of world's fastest growing online book stores! Environmentally sound due to Print-on-Demand technologies.

Buy your books online at
www.get-morebooks.com

Achetez vos livres en ligne, vite et bien, sur l'une des librairies en ligne les plus performantes au monde!
En protégeant nos ressources et notre environnement grâce à l'impression à la demande.

La librairie en ligne pour acheter plus vite
www.morebooks.fr

VDM Verlagsservicegesellschaft mbH
Heinrich-Böcking-Str. 6-8 Telefon: +49 681 3720 174 info@vdm-vsg.de
D - 66121 Saarbrücken Telefax: +49 681 3720 1749 www.vdm-vsg.de

Printed by Books on Demand GmbH, Norderstedt / Germany